Warren Buffett

워렌 버핏의 부자로 산다는 것
Go, Win, Feel

초판 1쇄 펴낸날 | 2010년 10월 30일
초판 2쇄 펴낸날 | 2010년 11월 30일

지은이 | 서정명
펴낸이 | 이금석
기획·편집 | 박수진
디자인 | 박은정
마케팅 | 곽순식, 김선곤
물류지원 | 현란
펴낸곳 | 도서출판 무한
등록일 | 1993년 4월 2일
등록번호 | 제3-468호
주소 | 서울 마포구 서교동 469-19
전화 | 02)322-6144
팩스 | 02)325-6143
홈페이지 | www.muhan-book.co.kr
e-mail | muhanbook7@naver.com

가격 12,500원
ISBN 978-89-5601-270-4 (03320)

워렌 버핏의 부자로 산다는 것
Go, Win, Feel

서정명 지음

무한

Prologue

"보통 사람들은 일에 자신이 가진 열정과 에너지의 25%를 쏟지만, 능력의 50%를 일에 쏟아 붓는 사람에게 세상은 경의를 표하고, 100%를 쏟아 붓는 극히 드문 사람에게는 머리를 조아린다."

철강왕 앤드류 카네기의 말이다.

"명확한 목적이 있는 사람은 가장 험난한 길에서조차 앞으로 나아가고, 아무런 목적이 없는 사람은 가장 순탄한 길에서조차 앞으로 나아가지 못한다."

영국의 비평가이자 역사가인 토머스 칼라일의 지적이다.

"다른 사람을 바꾸려면 스스로 먼저 바뀌어야 한다. 이 세상이 나아지지 않는 이유는 단 한 가지다. 서로가 서로를 변화시키려고 할 뿐 자신은 변화하려고 들지 않기 때문이다."

신학 저술가인 토머스 아담스의 말이다.

멋진 인생, 성공하는 삶을 살기 위해서는 뜨거운 열정이 있어야 하고, 뚜렷한 목표를 가지고 있어야 하며, 꾸준히 변화를 시도해야 한다. 위대한 인물의 성공 DNA를 찬찬히 들여다보면 이와 같은 성공요소를 발견하게 된다. 빌 게이츠 마이크로소프트 회장과 함께 매년 세계 최고의 부자 1, 2위를 다투는 버크서 해서웨이 회장 워렌 버핏도 마찬가지다.

대부분의 사람들은 버핏 회장의 재산과 부에 주목한다. 그리고 그의 주식투자 이론과 방법에 초점을 둔다. 하지만 이 책은 재테크 방법을 다루지 않는다. 남들이 간과하고 있는 버핏 회장의 성공요소와 삶을 대하는 태도와 원칙에 집중한다.

일반 사람들은 버핏 회장이 세상에서 돈이 가장 많은 사람으로만 피상적으로 알고 있을 뿐, 그의 성장과정, 인생철학 등 우리가 정작 배워야 할 것들에 대해서는 모르는 경우가 많다.

나는 3년간 뉴욕 특파원 생활을 하면서 버핏 회장을 가까운 거리에서 지켜볼 수 있었다. 버크서 해서웨이 주주총회장을 찾아 직접 인터뷰를 했고, 뉴욕을 방문한 버핏 회장을 만나 그의 성공 이야기와 가르침을 배울 수 있었다. 우리 시대 최고의 멘토이자 큰 바위 얼굴인 버핏 회장이 보여주는 삶의 원칙과 성공철학을 독자들에게 소개하고 싶었다.

이 책은 긍정, 정직, 젊음, 배움, 검소, 기부, 독서, 시간관리, 화술, 자녀교육 등을 포함해 버핏 회장이 성공요소로 꼽고 있는 24개의 원칙을 소개한다. 재미있는 일화와 에피소드를 중간 중간 곁들여 어느 챕터를 펼쳐 읽어도 부담 없이 쉽게 이해할 수 있도록 구성했다.

버핏 회장의 다음과 같은 말이 인상적이다.

"나이가 들면 습관을 바꾼다는 것 자체가 불가능하다. 이미 습관의 노예가 되어 버린다. 하지만 오늘 당장 좋은 습관을 선택해 실천하겠다고 작심하면 머지 많아 그 습관을 자신의 것으로 만들 수 있다. 삶에는 오르막길과 내리막길이 있다. 나도 살아오면서 어렵고 힘든 시기를 많이 겪었다. 하지만 훌륭하고 뛰어난 멘토를 둔 사람은 어려운 시기에도 올바른 길을 선택하게 될 것이다."

우리 주위에는 한숨과 탄식으로 하루하루를 살아가는 사람들이 많다. 직장을 구하지 못해 백수가 된 88만원 세대, 승진에 누락된 사람들, 회사 구조조정으로 직장을 잃은 은퇴자들, 가정불화로 고민하는 사람들, 건강이 좋지 않아 병원신세를 지는 환자들, 시험에 떨어져 낙담하는 학생들, 가사노동에 힘들어하는 주부들 등등.

　이 책은 삶의 의욕과 목적을 상실한 사람들에게 열정과 희망을 불어넣고, 부정의 바이러스를 긍정의 향기로 바꾸어 줄 것이다. 버핏 회장이 보여준 삶의 궤적을 읽어 내려가다 보면 자연스럽게 해답을 발견할 수 있을 것이라고 확신한다. 나는 독자들이 버핏 회장과 이 책을 통해 '부정의 나'를 '긍정의 나'로 만들고, '어제의 나'를 '내일의 나'로 변화시키는 작은 실천에 나서기를 기대해 본다.

서정명 드림

CONTENTS

Chapter 3
Feel ; 영혼까지 감동시켜라

Chapter 1

Go

;멈추지 말고 앞으로 나아가라

1. 자신만의
길을 걸어가라

원칙
Principle

/ 11살 때부터 지켜온 소신 /

버크셔 해서웨이 주주총회 행사에 참석했을 때의 일이다. 강당을 가득 메운 2만 7,000명의 버크셔 해서웨이 주주들은 버핏 회장이 들려주는 주식투자 원칙을 하나라도 빠트리지 않으려고 귀를 쫑긋 세워가며 강의를 들었으며, 마치 고액과외라도 받는 것처럼 온 정신을 집중해 버핏 회장의 말을 노트에 적었다. 유명한 종교지도자를 따르는 신도들처럼 버크셔 해서웨이 주주들은 버핏 회장의 말을 경청하는 열렬한 신도들이었다.

사실 버핏 회장의 주식투자 원칙과 글로벌 경제에 대한 견해를 듣는 것은 쉽지 않은 일일 뿐만 아니라 돈도 많이 든다. 2010년의 경우 버핏과의 점심식사 경매가 사상 최고가인 263만 달러_{약 33억 원}에 낙찰됐다.

버핏 회장과 점심을 같이 먹게 된 경매 낙찰자는 뉴욕 맨해튼 49번가의 유명한 스테이크 레스토랑 '스미스 앤 월렌스키'에서 버핏 회장과 점심을 함께하며 주식투자의 값진 조언을 얻는다.

이 자리에서 버핏 회장은 자신이 어떤 자산을 사고팔았는지를 제외한 광범위한 화제를 놓고 대화를 나눈다. 버핏 회장과의 점심 식사는 그의 투자 철학과 인생관을 배울 수 있는 기회로, 전 세계 투자자들의 엄청난 관심을 받아 왔다.

경매 수익금은 빈민층과 노숙인 등 빈민구호 활동을 하는 샌프란시스코의 자선단체인 글라이드재단에 기부된다. 이 점심을 통해 버핏 회장이 지금까지 글라이드재단에 기부한 돈은 856만 달러에 이른다. 작고한 부인 수전의 소개로 글라이드재단과 인연을 맺게 된 버핏 회장은 2000년부터 이 재단을 위해 매년 자신과 점심을 함께하는 이벤트를 해오고 있다.

버크셔 해서웨이 주식 한 주라도 가지고 있으면 공짜로 참석이 가능한 버크셔 해서웨이 주주총회는 주주들에게는 값으로 매길 수 없는 배움의 장소인 것이다.

기껏해야 2시간 동안 대담을 나누고 33억 원을 지불해야 하는 것과 비교하면 주주총회에 참석해 강연을 듣는 것이 훨씬 값진 것이 아닐까.

버핏 회장과 주주들의 질의응답이 오가던 중 아니나 다를까 한 주주가 마이크 앞으로 다가가 "주식 투자를 어떻게 해야 됩니까?"라고 질문을 던졌다. 버핏 회장이 옷깃을 여미더니 다음과 같이 답변했다.

"주식을 짧은 기간에 사고팔았다 하는 단타매매데이트레이딩는 도박과 같다고 볼 수 있어요. 사람들은 천성적으로 도박을 좋아하지요. 하지만 투자를 그렇게 해서는 안됩니다. 기업을 열심히 분석해서 기업 가치가 시장가치보다 낮아졌다고 생각될 때 투자해 기업 가치가 오를 때까지 장기간 기다린다면 반드시 수익이 올라갈 겁니다."

버핏 회장이 자신의 트레이드마크인 '장기 가치투자'를 설파했다. 금융시장에 충격이 가해지거나 기업 자체의 일시적인 문제로 주가가 기업 가치보다 떨어질 경우 주식을 사야 한다는 설명이다.

예를 들어 삼성전자의 적절한 시장가치가 90만 원이라고 하자. 그런데 국제 기름 값이 크게 오르거나 한국 경제가 일시적인 침체양상을 보이면 주식시장에서 거래되는 기업들의 주식가격은 전반적으로 떨어지게 된다.

삼성전자 자체에는 별다른 문제점이 없지만 주변의 경제여건이 좋지 않기 때문에 삼성전자의 주식가치도 덩달아 떨어지게 된다. 만약 삼성전자 주식가격이 70만 원까지 떨어진다면 삼성전자 주식은 시장가치인 90만 원보다 크게 떨어져 있는 상태가 된다.

버핏 회장은 삼성전자 주식가치 70만 원가 시장에서 평가받는 가치 90만 원보다 하락했을 때 주식을 사서 주가가 오르기를 장기간 기다린다면 투자이익을 얻을 수 있다는 것을 강조한다.

이 원칙은 버핏 회장이 11살 때부터 주식투자를 한 이후 지금까지 지키고 있는 철칙이자 신조이다.

버핏 회장의 투자 원칙은 버크셔 해서웨이가 투자하고 있는 주식을 살펴보면 금방 확인할 수 있다. 버크셔 해서웨이는 신용카드 회사인 아메리칸 익스프레스American Express와 코카콜라, 면도기 회사인 질레트Gillette, 국제신용평가회사인 무디스Moodys, 세계적인 명성을 얻고 있는 신문 워싱턴 포스트Washington Post, 웰스파고Wells Fargo 은행, 미국을 대표하는 페인트 회사인 벤자민 무어Benjamin moore 등 회사가 튼튼하고 재정적으로 안정된 기업에 주로 투자한다.

버핏 회장은 이들 기업이 일시적인 경영환경 악화로 주식가치가 떨어지거나 금융시장 충격으로 이들 기업의 주가가 하락할 때 주식을 사들였다. 그리고 주가가 오른다고 해서 재빨리 내다 팔지 않고 기업 가치를 제대로 평가받을 때까지 묵묵히 기다린다. 코카콜라의 경우 버핏 회장은 1988년 주식을 사들이기 시작해 20년이 넘은 지금까지도 코카콜라 주식을 그대로 보유하고 있다.

버핏 회장은 자신이 잘 모르는 기업에는 투자하지 않는 것으로 유명하다. 손실을 볼 위험이 많기 때문이다. 인터넷, 정보통신IT, 첨단기술 등 기업 내용이 검증되지 않은 회사보다는 꾸준하게 안정된 수익을 올리고, 소비자들에게 친숙한 기업을 선호한다.

독자들도 잘 알다시피 버핏 회장과 마이크로소프트MS의 빌 게이츠 회장은 오랜 친구이다. 또한 버핏 회장은 재산의 85% 가량을 빌 게이츠 회장이 운영하는 재단에 기부했다. 버핏 회장의 세 자녀도 각자의 기부 재단을 운영하고 있지만, 버핏 회장은 빌 게이츠 재단에 자신의 돈을 기부할 정도로 빌 게이츠를 신뢰하고 빌 게이츠의 능력을 높이 평가한다. 하지만 버핏 회장은 마이크로소프트에 투자하지 않는다. 다른 투자자들은 마이크로소프트 주식가격을 예의주시하지만 버핏 회장은 거들떠보지도 않는다. 왜냐하면 버핏 회장은 마이크로소프트를 잘 모르고, 인터넷 기업에 대해서도 모르고, 변화속도가 빠른 첨단기술에 문외한이기 때문이다.

철저하게 자신이 잘 이해하고, 경험이 있는 분야의 기업에만 투자한다. 이는 코카콜라의 주가 흐름을 보면 알 수 있다. 일반 투자자들은 코카콜라와 같이 대형 기업은 주가가 움직이지 않는다는 착각에 빠져 있다. 반면 인터넷, 정보통신과 같이 규모가 작은 기업은 기회만 잘 잡으면 주식가치가 크게 오른다는 편견에 사로잡혀 있다. 버핏 회장은 버크셔 해서웨이 주주들에게 이 같은 착각에서 하루빨리 벗어나라고 조언한다.

코카콜라 주가는 1990년 1주당 10달러에도 미치지 못했지만, 1993년 20달러, 1996년 40달러를 넘어섰으며 지금은 60달러대에서 거래되고 있다. 1990년에 코카콜라 주식을 시서 지금까지 장기간 보유하고 있다면 6배 이상의 이익을 올리게 되는 셈이다.

1990년에 코카콜라 주식을 1억 원어치 샀다면 지금은 주식가치가 6억 원 이상으로 불어나 있는 것인데, 주가변동이 심하고 기업 내용이 알려지지 않은 기업을 사고 판 투자자들이 과연 이 같은 수익률을 올릴 수 있었을까. 버핏 회장이 강조하는 장기 가치투자의 진면목을 볼 수 있는 대목이다.

버핏 회장은 '타인의 말에 흔들리지 말 것'을 버크셔 해서웨이 주주들과 우리들에게 당부한다. 자신의 투자 원칙에 충실해야 하며, 절대 주식시장 흐름에 흔들리지 말 것을 조언한다.

많은 개인투자자들이 주식시장이 강세를 보이면 앞뒤 가리지 않고 아무 기업을 선택하는 과오를 범하고, 주식시장이 크게 떨어지면 자신이 보유한 주식을 무작정 내다파는 실수를 저지른다.

기업의 가치를 보지 않고 주식시장 장세와 타인의 말에 의존한 투자행태를 보이기 때문이다. 지난 1999년과 2000년 초 전 세계적으로 인터넷, 첨단 기술주 열풍이 불었다. 한국도 예외는 아니었다. 기업 내용이 알려지지 않은 인터넷 회사들이 주식시장에서 거래되기 시작했고, 투자자들은 집을 담보로 은행에서 돈을 빌려 이들 회사의 주식을 샀다.

주식시장도 흥분의 도가니였다. 연일 주가가 오르다 보니 일부에서는 눈을 가리고 아무 기업을 찍어도 투자이익을 챙길 수 있다는 우스개 이야기도 있었다. 주식을 모르면 바보였고, 이 기회에 수익을 못 내는 사람은 멍청이로 취급받던 때가 있었다. 하지만 버핏 회장은 인터넷 붐이 전 세계를 휘몰아치던 이때에도 인터넷, 기술주 기업에 투자하지 않았다. 다른 사람들의 행동을 따라하지 않고 철저하게 기업 가치를 평가하는 투자 원칙을 지켰다.

2000년 말부터 시작된 인터넷 거품 붕괴와 주가 급락으로 개인투자자들 사이에서는 통곡소리가 터져 나왔지만, 버핏 회장은 태연할 수 있었다. 군중심리에 동요하지 않고 자신의 원칙을 지키며 투자했기 때문이다.

버크셔 해서웨이 주주총회에서 버핏 회장은 다음과 같은 투자 원칙을 주주들에게 강조한다.

"주식투자는 기업의 과거를 보고 미래를 전망하는 작업입니다. 주주 여러분, 보수적인 가치를 두고 투자하십시오. 기업의 미래가치를 찾아내는 것이 무엇보다 중요하며, 미래가치를 보고 사서 장기 보유하도록 하십시오. 첨단업종의 기업을 고르는 것보다 미래가치가 높은 기업을 골라야 합니다. 아직도 우리가 모르는 영역이 많습니다. 앞으로 25년 후에 좋은 산업, 좋은 기업이 어디일까 고민하시기 바랍니다. 제가 여러분에게 드릴 수 있는 최고의 조언입니다."

버핏 회장이 버크셔 해서웨이 주주들에게, 또 여러분에게 알려준 가장 기본이 되는 투자 원칙은 '가치가 낮게 평가된 기업을 발굴해 장기간 가지고 있어야 한다는 것'이다.

여기서 잠깐 소신과 원칙이 인생을 살아가는데 얼마나 중요한 요소인지 중남미의 멕시코 역사를 통해 알아보도록 하자.

/ 원칙과 기준을 세워라 /

나는 2007년 3월말 미국 국경 바로 밑에 있는 멕시코를 방문한 적이 있었다. 16세기 초 스페인의 침략을 받고 오랜 기간 스페인의 식민지로 남아있었던 멕시코는 스페인어를 사용하는 국가이기 때문에 영어가 전혀 통하지 않는다. 호텔이나 고급 레스토랑처럼 외국인이 많이 드나드는 곳이 아니면 영어로는 전혀 의사소통이 되지 않는다. 나는 스페인어를 구사하지 못하는 신세가 안타까웠지만, 할 수 없이 통역사와 같이 일해야 했다.

전문 통역사가 멕시코의 역사에 대한 재미있는 이야기를 들려주었다. 다른 사람들의 의견에 흔들리지 않고 자신만의 객관적인 판단력을 가지고 있는 것이 얼마나 중요한 것인가를 일깨워주는 역사적인 사실이기에 여러분에게 간단히 소개할까 한다.

"멕시코 조상들은 1519년 '헤르난 코르테스Heman Cortes'를 대장으로 하는 스페인의 소부대에 의해 침략을 받았어요. 우리가 익히 교과서에서 배워 알고 있는 것처럼 아즈텍 문명이 멸망하는 때이죠. 멕시코 조상들은 처음 스페인 군대가 쳐들어왔을 때 전혀 저항하지 않고 순순히 그들에게 길을 내어 주었습니다. 왜 그런지 아세요?"

통역사가 질문을 던졌지만, 나는 중남미의 역사에 대해서는 문외한이었다.

"당시 멕시코에는 옛날부터 전해져 내려오는 전설이 있었어요. 언젠가는 멕시코 사람을 구원해 줄 구세주가 나타나는데 그들은 네 개의 다리를 가지고 있고, 머리에 깃털을 달고 있다는 것이었어요. 멕시코 조상들은 이러한 모습을 한 구세주가 그들을 천국으로 인도할 것이라는 생각을 가지고 있었답니다."

통역사가 설명을 계속했다.

"멕시코를 침략한 스페인의 코르테스 군대는 말을 타고 있었지요.

당시 멕시코 대륙에는 말[1]이 없었습니다. 멕시코의 말은 모두 이때 유럽에서 들어온 거랍니다. 저 멀리서 희뿌연 먼지를 날리며 말을 타고 들어오는 스페인 군대를 본 멕시코 조상들은 다리가 네 개인 말을 보고 전설로 전해져 온 그들의 구세주로 착각했답니다.

또 코르테스 군대는 투구와 갑옷을 입고 있었는데 머리에 모두 깃털을 꽂았답니다. 전설로 전해져 온 그들의 구세주가 틀림없다고 생각한 멕시코 조상들은 저항할 생각은커녕 스페인 군대를 오히려 융성하게 환대했다고 합니다. 이때부터 멕시코는 처참하고도 처절한 스페인의 식민지로 전락하게 되었지요."

통역사의 설명은 흥미진진했다. 결국 멕시코 조상들은 옛날 전설만 믿고, 객관적이고 중립적인 사고와 판단을 하지 못했기 때문에 스페인의 식민지가 되는 치욕을 겪어야 했던 것이다. 원칙과 소신을 지키지 않고, 허황된 미신이나 잘못된 소문에 의존해서는 발전이 없다는 것을 보여주는 역사적인 사실이다.

직장생활을 하는 우리들의 삶도 원칙과 기준이 있어야지 방향감각을 잃었을 때 허둥대지 않고 목표물을 향해 다시 나아갈 수 있다. 망망대해를 항해하는 선박이 나침반에 의존해 나아가듯이 우리들의 삶도 원칙이 있어야 방황하지 않게 된다.

원칙과 기준이 있다는 것은 자신만의 이미지와 색깔을 구축한다는 얘기가 된다. '저 사람은 정직해' '저 사람은 책임감이 강해' '저 사람은 신용이 있어' 등과 같이 삶에 플러스가 되는 원칙은 반드시 지켜야 한다. 사람들은 '그 사람의 원칙이 무엇인가, 그리고 그 원칙을 얼마나 제대로 이행하고 있는가'를 옆에서 지켜보면서 당신의 시장가치를 평가하기 때문이다.

2. 청년정신이 없으면
죽은 것과 같다

젊음
Youth

/ 은퇴가 없는 80세의 현역 /

나는 버핏 회장을 세 번 만났다. 2006년 6월 뉴욕 맨해튼 53번가에 있는 쉐라톤 호텔에서 전 재산의 85%에 해당하는 370억 달러를 기부하는 기자설명회 자리에서 처음 만났다. 2007년 5월 버크셔 해서웨이 주주총회에서 개인 인터뷰를 하면서, 또 주주들과의 질의응답을 경청하면서 버핏 회장을 가까운 거리에서 지켜볼 수 있었다.

내가 가장 놀란 것은 버핏 회장의 '젊음'이었다. 버핏 회장은 1930년생으로 올해 80살이고, 항상 그의 곁을 지키며 오른팔 역할을 하고 있는 찰리 멍거 부회장은 86살이다. 버크셔 해서웨이 주주총회 강당에서 버핏 회장을 만나 인터뷰를 했을 때 약간의 화장을 한 것 같았지만 그의 얼굴 피부는 80세의 노인이라고 보기에는 너무 건강했다.

버크셔 해서웨이가 투자한 기업들이 진열한 제품을 둘러볼 때에는 어찌나 빨리 걸음을 걷던지 따라가기가 버거울 정도였다.

한국의 웬만한 기업총수들이 고령을 이유로 일선에서 물러나 명예회장으로 남거나, 기업경영은 전문경영인에게 맡기고 소일거리를 찾는 것과는 너무나 대조적이었다.

"버핏 회장은 가만히 있지를 않아요. 직접 기업들을 찾아가 경영환경이 어떻게 돌아가는지 챙기고, 아침 일찍 회사에 출근해 경제신문을 읽고, 기업보고서를 검토하지요. 너무나 열정적이세요. 심지어 광고문건 하나하나에도 신경을 쓰신다니까요."

버핏 회장의 개인 비서가 나에게 전해준 말이다.

버핏 회장의 노익장은 주주총회 강당에서 확인할 수 있었다. 2007년 5월 5일 진행된 주주들과의 질의응답은 아침 9시 30분부터 저녁 5시 30분까지 무려 15시간 동안 진행되었는데 중간에 점심시간은 30분만 허용되었다.

처음에는 진득하게 앉아 있던 주주들도 몸이 쑤시는지 수시로 자리를 비웠지만, 버핏 회장과 멍거 부회장은 연단에서 점심시간을 빼고는 한번도 자리를 비우지 않았다.

주주들의 질문에는 조금의 주저하는 기색도 없이 큰 목소리로 거침없이 답변했고, 멍거 부회장도 버핏 회장의 오른쪽 자리에 앉아 부연설명을 해가면서 주주들의 이해를 도왔다.

해외에서 몰려든 60명의 해외 특파원들도 지칠 줄 모르고 설명회를 이끌어가는 거장 두 노인의 체력과 열정에 혀를 내두를 정도였다.

"대단하네요. 어디서 저런 에너지가 나오는지 모르겠어요. 정말 자기관리를 철저히 하는 분들이네요."

나의 옆자리에 앉아서 열심히 타이핑을 하고 있던 프랑스 여기자가 말했다.

자신의 투자 원칙과 버크서 해서웨이의 경영현황을 하나라도 더 많이 주주들에게 알려 주려고 애를 쓰는 버핏 회장과 멍거 부회장을 지켜보면서, 주주들은 나이를 거꾸로 먹는 버핏 회장의 열정을 확인하는 듯했다.

질의응답 시간이 끝나자 버핏 회장은 주주들과 함께 자신이 직접 운영하는 가구회사 '네브래스카 퍼니처 마트'에 얼굴을 내밀었다. 장시간 토론으로 피곤이 겹쳐 호텔에서 쉴 만도 한데 그는 다시 주주들이 있는 곳으로 발걸음을 옮긴 것이다.

중국에서 들여온 가구제품을 싼 가격에 구입하려고 몰려든 주주와 손님들을 향해 버핏 회장은 웃는 얼굴로 인사를 건네고 손을 흔들어 보였다. 온종일 토론하고, 걸어다니고, 사람들을 만났지만 그의 얼굴에서는 피곤한 기색을 전혀 찾아볼 수 없었으며, 오히려 그러한 분위기를 즐기는 것 같았다.

/ 열심히 일하면 언제나 청춘 /

다음날 기자간담회 시간에 한국 특파원들이 버핏 회장에게 질문을 던졌다.

"회장님, 건강을 유지하는 비결이 뭡니까?"

"저는 담배를 피우지 않아요. 어머니가 80세까지 사실 정도로 장수했지요. 저는 제가 하는 일이 좋고, 스트레스도 받지 않아요."

버핏 회장이 짧게 대답했다.

스트레스를 받지 않는 일을 하고 있다는 버핏 회장의 답변에 특파원들이 한바탕 크게 웃었다. 어려운 회계장부를 봐야 하고, 투자기업을 골라야 하고, 경영성과를 내야 하는 어려운 자리에 있는데 어떻게 스트레스를 받지 않겠느냐고 반문하는 표정이었다.

버핏 회장은 일을 하면서 즐거움을 찾고 삶의 보람을 얻는다. '이만하면 되었다'고 현역에서 물러나 은퇴를 선언하지 않고 자신이 하는 일에 정열을 쏟으며 생활한다.

주주총회 행사기간 동안 연신 체리 코카콜라를 마시는 버핏 회장과 크래커를 집어삼키는 멍고 부회장을 보면서 젊게 산다는 의미를 알 수 있었다.

나이가 드는 것을 슬퍼하거나 한탄하기보다는 자신의 일을 사랑하고 열정을 쏟는다면 젊은이 못지않은 젊음을 간직할 수 있다는 게 버핏 회장의 인생철학이다.

버핏 회장은 2007년 76세에 재혼했다. 8월 31일 자신의 생일날 오마하에 있는 딸 수지 버핏의 집에서 조촐하게 결혼식을 올렸다. 상대는 16살 연하의 아스트리드 멩크스(64세)로 버핏 회장과는 오랜 기간 친구로 지내다 부부의 인연을 맺게 되었다.

한국인들 정서로는 '다 늙은 나이에 주책이다'라는 반응을 보일지 모르지만 항상 청춘을 간직하며 살아가는 버핏 회장에게는 대수롭지 않은 지극히 자연스러운 일이었다.

버핏은 전 부인인 수잔 톰슨과 1952년 결혼해 슬하에 2남 1녀를 두었다. 두 사람은 지난 1977년부터 별거에 들어갔으며, 공식적인 이혼절차를 밟지 않고 수전 버핏이 2004년 세상을 떠나기 전까지 친구같은 부부로 살아왔다.

재미있는 것은 두 번째 부인 멩크스를 버핏 회장에게 소개한 사람이 먼저 세상을 떠난 부인 수전 버핏이라는 점이다. 워렌 버핏과 멩크스 여사는 멩크스가 오마하의 칵테일 바에서 여종업원으로 일하고 있을 당시 수전의 소개로 처음 만나게 되었다.

세상을 먼저 떠난 아내 소개로 버핏이 재혼하게 된 셈이다. 버핏 회장은 80살의 나이에도 불구하고 자기가 좋아하는 일과 사랑에 열정을 불태우고 있다.

버핏 회장은 나이가 들어가는 것을 슬퍼하거나 두려워하지 말라고 우리들에게 말한다. 우리가 정작 버핏 회장에게서 배워야 할 것은 '돈 버는 기술'이 이니라 '아름답게 나이 드는 방법'이 아닐까 한다.

버핏 회장처럼 나이가 들어서도 젊음을 불태우며 세계 역사를 바꾸어 놓은 인물들이 많다. 그 중에 가난한 중국을 부자 중국으로 탈바꿈시킨 중국의 지도자 등소평을 빼놓을 수 없다.

지난 1992년 1월 18일에 있었던 일이다. 당시 88세의 나이로 중국대륙의 남쪽 지방을 둘러보는 사람이 있었다. 몸은 비록 노구였지만 무엇인가 반드시 이루고야 말겠다는 굳은 결의와 의지가 그의 발걸음 하나하나에 묻어 있었다.

사회주의 중국경제에 자본주의 시스템을 도입해 중국 경제 발전의 디딤돌을 놓은 인물로 평가받는 등소평鄧小平, 1904~1997년이었다. 가난했던 한국 경제를 끌어올린 사람이 박정희 대통령이었다면, 허약한 중국 경제에 새로운 바람을 불러일으킨 사람이 등소평 중국 주석이었다.

그때까지만 하더라도 중국은 중앙정부가 경제를 관리하고, 통제하는 사회주의 경제시스템을 가지고 있었다. 인민들이 공동으로 논과 밭을 경작해 농작물을 수확하고, 수확된 쌀과 양식을 똑같이 배급했다. 공동으로 생산하고 공동으로 분배받는 경제시스템을 고수하고 있었던 것이다.

이 같은 시스템을 개혁해 열심히 일한 사람은 더욱 많이 돈을 벌고, 경쟁을 통해 생산성을 높이는 시장경제를 중국에 도입한 사람이 등소평이다. 그가 중국 경제발전에 미친 영향을 높이 평가해 중국 사람들은 그를 '작은 거인'이라고 부른다.

등소평은 우창, 선전, 상하이 등 중국대륙 남쪽의 도시를 방문하면서 중국 경제의 개혁과 개방이야말로 인구 10억 명의 중국이 살아날 수 있는 길이라고 목청을 높였다. 90세를 바라보는 나이는 그가 부르짖는 열정의 목소리에 파묻히고 말았다.

이처럼 등소평 주석이 지방의 간부들을 격려하면서 시장경제 도입에 대한 확고한 의지를 밝힌 것이 그 유명한 '남순강화(南巡講話)'이다. 등소평이 중국대륙의 남쪽을 돌아다니면서, 강연을 통해 자본주의 경제 시스템을 받아들이도록 했다는 뜻을 담고 있다.

한마디로 말하면 세계경제의 개방 흐름에서 외로이 동떨어져 문을 꼭꼭 걸어 잠그는 것이 아니라 개혁과 개방을 가속화한 것이다. 그 동안 중국이 공동 생산, 공동 배분의 사회주의 이념에 기반해 나라를 이끌어 왔지만 인민들은 여전히 가난에 허덕이고 있었던 만큼 새로운 변화가 필요하다는 것이 등소평 주석의 생각이었다.

등소평의 생각은 '검은 고양이든 흰 고양이든 쥐만 잘 잡으면 된다'는 것이었다. 고양이는 쥐만 잘 잡으면 되지, 고양이의 색깔이 검은색이든, 흰색이든 상관할 것이 없다는 의미이다. 이는 인민들의 생활을 윤택하게 하고 풍요롭게 하는 것이 중요한 것이지, 사회주의를 굳이 고수할 필요는 없다는 것이었다.

이후 등소평이 개방경제를 도입하겠다는 생각은 중앙 정치국을 통과해 전국 각지에 빠르게 전달되었으며, 이에 근거해 중국경제는 개혁과 개방에 속도를 내면서 빠른 성장을 달성할 수 있었다.

등소평이 경제 개혁과 개방을 추진하는 과정에서 반대가 만만치 않았다. 중국의 기존 경제체제를 고수해야 한다며 반대하는 사람들이 많았지만 등소평은 그들의 주장을 일언지하에 물리치고 자신의 생각대로 개혁과 개방정책을 밀고 나갔다. 자신의 소신과 원칙대로 일을 처리한 것이다. 결코 현실과 타협하거나 굴복하지 않았다.

자본주의 경제시스템을 도입하는 과정에서 처음에는 혼란과 문제점이 나타나겠지만, 장기적으로 보면 중국 경제에 도움이 된다는 것을 등소평은 알고 있었기 때문에 자신의 소신을 굽히지 않았다.

오늘날 중국 사람들은, 아니 세상 사람들은 등소평의 리더십을 중국 역사를 바꾼 위대한 리더십이라고 극찬하고 있다.

해외출장차 중국 남부에 있는 심천 지역을 방문했을 때 느낀 중국 경제는 놀라움 그 자체였다. 현대식 건물은 규모면에서 오히려 서울의 웬만한 건물보다 더 웅장했으며, 밀려드는 해외 기업들의 직접투자로 심천은 그야말로 괄목할 만한 성장을 보이고 있었다.

중국 산동성에 있는 위해 지역을 방문했을 때는 경쟁과 생산성 향상을 소리 높여 외치는 공무원들의 의지에 오히려 혀를 내두를 정도였다. 외국기업을 많이 유치할수록 실적이 올라가기 때문에 기업 하나라도 더 유치하려고 백방으로 뛰는 공무원들의 모습이 대단히 인상적이었다.

오늘날 중국이 연 9% 이상의 경제성장률을 달성하며, 미국과 함께 세계 경제를 이끄는 쌍두마차로 부상한 것은 결코 우연이 아니다. 이는 개방경제를 이끈 등소평의 젊은 생각과 위대한 리더십이 있었기에 가능한 것이었다.

등소평 주석이나 버핏 회장은 나이가 들어가는 것을 슬퍼하거나 두려워하지 말라고 말한다. 몸은 세월이 흘러가면서 약해지겠지만 생각과 사고만은 젊음을 유지해야 한다고 강조한다.

우리의 정신력은 티베트의 히말라야 산맥도 넘을 수 있을 만큼 강하다. 하지만 도전을 싫어하고, 현실에 안주하려고 하고, 남들과 비슷해지려고 생각하는 순간 우리의 젊음은 온데간데없이 사라지고 만다. 몸도 젊어야 하지만 무엇보다 사고와 생각이 젊어야 한다. 생각이 젊다는 것은 용기를 가지고 도전하고, 목표를 세워 노력하고, 실패해도 다시 일어서는 뚝심이 있다는 것을 의미한다.

나이가 어려도 정신이 박약하면 늙은이가 되는 것이고, 나이가 많아도 정신이 맑으면 젊은이가 되는 것이다. 젊음은 나이의 많고 적음에 따라 결정되는 것이 아니라 열정과 패기, 도전정신의 많고 적음에 따라 결정되는 것이다.

/ 어제와 같은 오늘을 살지 마라 /

나는 서울 종로구청 옆에 있는 코리안리 빌딩에서 취재하는 경우가 많다. 이 건물에는 박종원 코리안리 사장의 사무실이 있다. 나는 그를 볼 때마다 내 자신이 작아지는 것을 느끼게 된다. 그와 대화를 나누다 보면 '참으로 인생을 젊게 사시는 분이구나!' 라는 생각을 하게 된다. 코리안리는 재보험사로 일반 보험사들을 대상으로 보험영업을 하는 회사이다.

그는 1944년생으로 올해 66세이다. 2010년 6월 금융계 최초로 다섯 번 연임에 성공해 13년째 최고경영자CEO의 자리를 지키고 있다. 국내 금융권에서는 연임도 쉽지 않은 것이 일반적인데 회사오너가 아닌 월급쟁이로 15년 장기 집권하게 된 것이다.

행정고시 14회를 통해 관료의 길에 입문했지만 공무원 생활을 접고 지난 1998년부터 코리안리 대표로 일하고 있다. 그는 귀신도 때려잡는다는 해병대 출신이다. 박 사장은 국제통화기금^{IMF} 외환위기 당시 경영 부실로 청산위기에 놓였던 전 대한재보험^{현 코리안리}을 세계에서 몇 손가락 안에 드는 글로벌 금융회사로 탈바꿈시켰다. 그가 CEO로 취임한 이후 코리안리는 연간 13%의 높은 성장을 이어가고 있다. 그는 보험업계에서 '마이더스의 손'으로 불린다. 영국의 재보험 저널인 「리인슈어런스^{Reinsurance}」지는 '2010년 재보험 파워순위'에서 박 사장을 21위에 선정했다. 재보험 파워순위는 한 해 동안 세계 재보험산업에 큰 영향력을 행사했거나 향후 영향력을 행사할 것으로 기대되는 사건이나 기관, 인물 중 40위를 선정하는 것이다. 아시아 인물로는 가장 높은 성적이다. 워렌 버핏 회장은 3위를 차지했다.

"어제와 같은 오늘, 오늘과 같은 내일을 사는 것은 늙은이의 삶입니다. 변화 없이 현실에 그냥 안주하고 만족하는 것은 젊은이의 삶이 아니죠. 어려운 일이 닥치더라도 열정과 끈기를 가지고 도전하는 것이 젊음입니다. 말만 앞세우기보다는 깃발을 들고 행동으로 옮기세요. 나는 물리적인 나이로는 예순을 넘은 할아버지이지만 정신력으로는 아직 해병대 청년입니다."

박 사장이 나에게 건넨 말이다.

코리안리 임직원들은 사무실이나 복도에서 만날 때 "1등 합시다"라며 인사말을 건넨다. 처음에는 형식적인 인사말이겠거니 생각하며 직원들도 별다른 신경을 쓰지 않았지만, 계속 '1등'을 외치다 보니 자연스럽게 1등을 향해 나아가고 있는 자신들을 발견하게 되었다고 한다.

인생에서 성공한 인물들은 나이가 들어서도 '젊음'을 잃지 않고 유지한다. 할 수 있다는 자신감, 이룰 수 있다는 긍정적인 자세, 난관을 극복하려는 도전정신, 항상 변화하려고 하는 마음가짐. 버핏 회장도 그렇고, 박종원 코리안리 사장도 그렇다.

세상에서 가장 유명한 흑인여성 토크쇼 진행자 오프라 윈프리는 이렇게 말한다.

"젊은이가 범하는 가장 큰 죄악은 평범해지는 것입니다. 젊음이 아름다운 이유는 무한한 가능성과 끝없는 도전을 꿈꿀 수 있기 때문입니다."

3. 신뢰를 잃을 때보다
더 큰 손해는 없다

신뢰
Trust

/ 단순한 진리 /

미국에서 백화점을 운영하는 '스튜어트' 라는 사장이 있었다. 스튜어트 사장은 백화점 개점시간이 되기 전 직원들을 모아 놓고 언제나 정직한 상거래를 강조하면서 아침을 시작했다.

어느 날 새로 출시된 신상품을 들여온 후 직원들에게 상품에 대한 솔직한 평가를 물었다. 직원들은 상품을 이리저리 꼼꼼히 살펴보고는 색상이 눈을 끌기는 하지만 이렇다 할 특색도 없고 바느질 솜씨도 허술해 보인다고 솔직하게 말했다. 스튜어트 사장은 알았다며 그냥 고개를 끄덕일 뿐이었다.

때마침 중절모를 쓴 중년 신사가 문을 열고 백화점 안으로 들어왔다. 손님은 신상품에 대해 꼬치꼬치 캐물으며 관심을 보였다.

이때 눈치 빠른 직원 하나가 손님 옆으로 잽싸게 달려가 상품을 과장해 소개하기 시작했다. 손님에게 색상도 어울리고, 바느질 솜씨도 수준급이라며 이 상품이 손님에게 안성맞춤이라고 칭찬을 쏟아냈다. 신상품을 잘 모르고 있었던 중년 손님은 직원의 설명만 듣고 제품을 사기로 결정하고 뒷주머니에서 지갑을 꺼내려는 순간이었다. 멀리서 이 광경을 지켜보고 있던 스튜어트 사장은 중년 신사에게 다가가 다음과 같이 정중하게 말했다.

"손님, 죄송합니다. 이 상품은 그리 좋은 것이 아닙니다. 제가 보기에도 하자가 많은 것으로 보입니다. 전화번호와 연락처를 저에게 남겨 주시면 좋은 상품이 들어왔을 때 바로 연락을 드리도록 하겠습니다. 이 상품은 저희들이 팔 수 없습니다."

그리고 스튜어트 사장은 직원들에게도 하자가 있는 상품은 손님을 속여 팔아서는 안되며 정직하게 제품 상태를 설명해야 한다고 타일렀다. 주위의 직원들은 몸 둘 바를 몰라 고개를 숙이고 있었고, 중년 손님은 스튜어트 사장의 양심 선언에 감탄을 하고 말았다.

이후 그 손님은 스튜어트 시장이 운영하는 백화점의 단골손님이 되었으며, 스튜어트 사장은 믿을 수 있다는 입소문이 퍼져 나가면서 큰돈을 벌게 되었다.

스튜어트 사장은 손님을 속이면 단시간 얼마만큼의 돈은 벌어들일 수 있겠지만 결국 손님들로부터 외면을 당하면 장사는 망하고 말 것이라는 사실을 잘 알고 있었다. 정직한 비즈니스가 성공을 보장하는 지름길이라는 믿음을 간직하고 있었던 것이다.

어떤 사람들은 각박한 현대사회에서는 정직하게 살면 바보가 되기 때문에 재주껏 남을 속여가며 살아야 한다고 목청을 높인다. 심지어 내가 남을 속이지 않으면 남들이 나를 속이기 때문에 먼저 선수를 쳐야 한다고 얘기하기도 한다.

하지만 이는 당장의 이익만 쫓다 더 큰 이익을 놓치고 마는 어리석은 생각이다. 정직하고 양심적으로 생활하고 비즈니스를 하는 것이 종국에는 더 큰 이익과 이문을 남겨다 주는 법이다.

이 글을 읽는 독자들 중에는 친구들과 함께 벤처기업을 설립하려는 큰 꿈을 가진 사람도 있을 것이고, 장사를 시작하려는 사람도 있을 것이고, 직장생활을 하는 사람도 있을 것이다. 여러분이 어느 분야, 어떠한 지위에 있더라도 '결국 정직과 신뢰가 승리한다' 는 단순한 진리는 항상 마음속에 새겨 두어야 한다.

/ 버핏 회장은 'Mr, Clean' /

버핏 회장은 67년 동안 주식투자 활동을 했지만 주식가격을 조작한 일이 한 번도 없었다. 큰돈을 굴리는 주식투자자들은 주가를 조작하는 유혹을 많이 받는다.

특정 기업의 주식을 대거 사들여 주식가격을 높인 뒤 나중에 높은 가격에 팔아치워 이익을 챙기는 경우가 많은데 이를 '주가조작' 이라고 한다. TV나 신문을 통해 주가조작 범죄를 저질러 구속되거나 법의 심판대에 서는 사람들을 많이 보게 된다.

하지만 버핏 회장은 주가조작을 혐오한다. 정직하고 깨끗한 방법이 아니면 투자하지 않는다. 버핏 회장은 '정직은 가장 확실한 자본'이라는 믿음을 가지고 있다.

미국 뉴욕의 금융 중심지인 월스트리트에서는 하루에도 헤아릴 수 없는 주가조작과 시세조정이 이루어지고 있지만 버핏 회장은 이들과 벽을 쌓고 산다. 월스트리트의 생리와 버핏 회장의 비즈니스 철학과는 큰 차이가 있는 것이다.

월스트리트의 많은 투자자들이 허위와 기만, 거짓정보, 내부기밀 등으로 돈을 버는 경우가 허다하지만, 버핏 회장은 이들과는 달리 깨끗하고 투명한 투자를 통해서 부를 만들어간다.

미국을 대표하는 신문 「워싱턴 포스트」의 주인인 캐서린 그레이엄 여사는 자서전에서 다음과 같이 버핏을 평가하고 있다.

"제가 워렌 버핏을 처음 만났을 때 그의 수수한 외모에 깜짝 놀랐습니다. 월스트리트의 돈 많은 은행가나 대기업의 총수들과는 전혀 다른 느낌이었습니다. 버핏은 마치 중서부 시골마을의 아저씨와 같은 분위기를 풍겼습니다. 하지만 저는 그의 명석한 두뇌와 재치 있는 유머에 금세 매료되고 말았습니다. 그는 나에게 여전히 매력적인 사람입니다. 나는 친구들에게 이 세상에 '미스터 클린Mr. Clean, 깨끗한 사람'이 있다면 그 사람은 바로 버핏이라고 말하고 싶습니다."

버핏 회장이 오늘날 세계 최고의 부자로 거듭날 수 있었던 것은 캐서린 그레이엄 여사가 인정하는 것처럼 솔직하고 청렴했기 때문에 가능한 것이었다.

젊은 시절부터 버핏은 정직하게 투자하고 비즈니스를 한다는 인식을 심어주었기 때문에 투자자들은 그를 믿고 큰돈을 맡겼으며, 버핏은 이를 통해 더 큰 부富를 만들 수 있었던 것이다.

정직하고 깨끗하게 장사를 하거나 사회생활을 하면 언뜻 보기에 처음에는 손해를 보는 것처럼 느낄 수 있지만, 시간이 지나면 더 큰 이익과 이문을 얻을 수 있다는 것을 깨닫게 된다. 정직한 사람은 그를 믿고 따르는 사람들이 항상 곁에서 지켜주고, 어려울 때 도와주기 때문이다.

/ 여러분께 솔직하게 고백합니다 /

버핏 회장은 좀처럼 화를 내는 일이 없지만 한 가지 일에서 만큼은 불같이 화를 낸다. 회사를 운영하는 경영자가 일반인이나 주주들에게 회사의 나쁜 소식을 제대로 알리지 않을 때이다.

어떤 경영자들은 회사의 이익이 줄어들었거나, 큰 손실을 입었거나, 신제품 매출이 떨어졌거나, 연구개발이 실패하는 등 회사 이미지에 좋지 않은 정보는 가급적 숨기고 외부에 밝히지 않으려고 한다.

하지만 버핏 회장은 자신이 운영하는 버크셔 해서웨이의 경영실적이 좋지 않으면 일반 사람들과 주주들에게 먼저 알린다. 또 자신이 거느리고 있는 자회사의 경영자들이 회사의 나쁜 소식을 제대로 자신에게 보고하지 않거나 일반 사람들에게 알리지 않으면 역정을 낸다. 정직하지 못한 경영자와 회사는 사람들에게 신뢰를 줄 수 없고 제대로 된 비즈니스를 전개할 수 없다는 생각에서다.

세계 최고의 투자가인 버핏 회장도 자신의 의사결정에 자신이 없을 때에는 솔직하게 투자자들에게 고백한다. 다음은 투자자들을 위해 버핏 회장이 작성한 보고서 내용이다.

"저는 현재의 시장 환경에 적응할 수 없다는 점을 솔직하게 여러분께 고백합니다. 단 하나 분명한 것은 제가 이해할 수 있는 곳에만 투자하겠다는 생각을 앞으로도 바꾸지 않을 것이라는 사실입니다. 새로운 곳에 투자한다면 많은 새로운 이익을 얻을 수 있을지도 모르지요. 하지만 새로운 곳을 충분히 이해하지 못했고, 또 그런 방식의 투자가 성공한 적도 없었기 때문에 여러분이 맡긴 돈을 잃을 염려가 있다는 점을 솔직히 말씀드립니다."

이처럼 버핏 회장은 솔직하고 정직하게 자신의 생각과 의견을 일반 사람들에게 알렸기 때문에 주위 사람들로부터 더 큰 신뢰와 신망을 얻을 수 있었다. 버핏 회장은 정직은 최선의 방어책이 아니라 최선의 공격 무기라는 것을 우리들에게 가르쳐 주고 있다.

/ 모든 사람을 항상 속일 수는 없다 /

버핏 회장처럼 정직과 신용을 무기로 성공적인 인생을 살았던 인물이 대한민국에도 있다.

한국전쟁이 한창이던 지난 1951년 1·4후퇴 때 서울의 한 은행창구에서의 일이다. 국군이 중공군에게 밀리고, 서울은 함락되고, 피난행렬로 아수라장이었던 때였다. 피난을 가기 위해 은행의 주요 서류만 챙겨 은행문을 나서려던 은행원 앞으로 한 중년남성이 다가왔다.

"무슨 일이십니까?"

은행원이 다급하게 물었다.

"옛날에 사업자금으로 돈을 빌렸는데 그 돈을 갚으려고 왔습니다."

"아니, 이 난리통에 무슨 돈을 갚는다는 겁니까? 이미 부산으로 도망간 빚쟁이들도 많은데요."

은행원은 한심하다는 표정을 지으며 중년남성에게 말했다.

"아닙니다. 빌린 돈을 꼭 갚아야겠습니다. 돈을 갚는 것은 저와의 약속이기 때문이지요."

중년남성은 은행 돈을 갚고 영수증까지 받아 두었다.

이 남성은 전쟁통에도 사업의 끈을 놓지 않았다. 이 지역, 저 지역을 돌아다니며 군대에 채소와 생선을 공급하기도 하고, 어선을 구입하기도 했다. 하지만 전쟁의 포화 속에 사업자금을 마련하는 것은 하늘의 별따기만큼이나 힘들었다.

은행대출을 받기 위해 은행 문을 두드렸지만 번번이 퇴짜를 맞았다. 그는 1·4후퇴 때 은행 빚을 갚았는데 이것이 제대로 처리되었는지 궁금해 영수증을 은행직원에게 보여주었다.

은행 직원이 깜짝 놀라며 말했다.

"아, 바로 당신이었군요. 중공군이 서울에 들이닥쳤을 때 은행 빚을 갚은 사람이 있다고 들었는데, 바로 당신이었군요. 당신의 이야기는 은행가에서 회자될 정도로 너무나 유명합니다. 은행장님께 소개해 드리겠습니다. 저를 따라오세요."

은행장은 이 남자의 정직성과 신뢰성에 대해 익히 알고 있었기 때문에 별다른 담보 없이 사업자금을 빌려 주었다. 그는 이 자금을 밑천으로 큰 사업을 일구었고, 결국 국내 굴지의 유리회사를 만들게 되었다. 자신을 믿고 돈을 빌려 준 은행과의 약속을 전쟁의 혼란 속에서도 지킨 이 사람. 바로 한국유리를 창업한 최태섭 회장이다. 한국유리는 주식시장에 상장된 회사로 연간 3,000억 원 가량의 매출을 올리는 회사이다. 그는 지난 1998년 세상을 떠났다.

그는 이 세상 사람이 아니지만 그의 정직한 성품을 보여주는 이 일화는 비즈니스 업계에 두고두고 회자되고 있다. 성공한 기업인은 많아도 진정으로 롤모델로 삼을 만한 기업인이 드문 우리나라 현실에서 최 회장은 참기업의 길을 보여주었다.

'저 사람은 믿을 수 있어' '저 사람은 거짓말을 안 해' '저 사람은 진실해' 등과 같은 말을 주위 사람들로부터 듣는다면 당신은 참으로 행복한 사람이다. 난관에 부딪쳐 어려움을 겪을 때에도 당신 주위에는 항상 도움을 주려는 사람들이 몰려든다. 정직이라는 인간의 품성에는 다른 사람들을 자석처럼 끌어당기는 향기가 배어 있기 때문이다.

정직하면 당장은 손해를 입을 수도 있다. 하지만 그 손해가 나중에는 비교할 수도 없는 만큼의 믿음과 신뢰로 돌아온다는 사실을 알아야 한다.

정직한 사람이 뿜어내는 향기는 그 은은한 파동이 너무 크고 아름다워서 주위에 사람들이 모여들기 마련이다. 꽃향기를 찾아 멀리서 벌들이 몰려드는 것처럼 정직한 사람 주위에는 그의 진실성에 매료된 사람들이 찾아오게 되는 법이다.

솔직하고 당당하게 살아야 한다. 거짓말은 언젠가 들통 나게 마련이다. 거짓말쟁이로 신뢰를 잃을 때 그보다 더 큰 손해는 없다.

"여러분은 모든 사람들을 잠시 동안 속일 수 있을 것입니다. 그리고 어떤 사람들을 항상 속일 수는 있을 겁니다. 그러나 모든 사람들을 항상 속일 수는 없는 법입니다."

에이브러햄 링컨 16대 미국 대통령의 말이다.

4. 영원히 살 것처럼 꿈꾸고,
오늘 죽을 것처럼 살아라

자기관리
Self administer

/ 교만해지지 마라 /

고대 로마의 황제들 중 지도자로서 인정받는 황제들은 자기 자신에게 엄격하려는 노력을 게을리하지 않았다. 네로, 칼리쿨라같은 폭군들은 당대에는 물론 후세에도 폭군으로 치부되고 있지만, 훌륭한 황제들은 거대한 로마제국을 이끌기 위해 자신에게 매우 엄격한 기준을 적용했다.

로마가 AD5세기 멸망하기까지 1,000년의 역사를 이어갈 수 있었던 것은 자신에게 엄격한 잣대를 적용했던 훌륭한 황제들이 있었기 때문에 가능했다.

로마 황제들은 아프리카나 갈리아, 중동, 이베리아반도 등 주변 국가나 민족들과 전쟁이 있을 때에는 직접 참전하는 경우가 많았다. 군대를 조직하고, 병사를 훈련시키고, 전장에서 전투를 벌이면서 황제는 황제로서의 자질과 능력을 평가받는다. 그리고 큰 전쟁에서 승리할 때에는 네 마리의 말이 끄는 사륜마차를 타고 개선문을 통과해 로마로 입성한다. 거리에는 승리감에 취한 군중들이 '황제만세!'를 외친다.

하지만 로마에는 특이한 전통이 있다. 개선문을 지나가는 황제의 사륜마차에는 노비가 같이 탄다. 승리의 기쁨에 젖은 황제가 개선문을 통과할 때 이 노비는 사륜마차에서 일어나 황제에게 이렇게 외친다.

"당신은 인간입니다. 당신은 인간입니다. 당신은 인간입니다."

황제는 승리의 기쁨에 취해 있고, 황제를 맞이하는 군대와 군중들도 한껏 들떠 있지만 이 노비는 황제가 '인간'이라는 사실을 황제는 물론 군중들에게도 알려 주는 것이다. 황제가 득의양양해 황제로서의 본분을 망각하고 거만해지거나 자만심에 빠지는 것을 경계하기 위해서다.

'아무리 당신이 큰 승리를 거두었다고 하더라도 당신은 한갓 인간에 불과합니다. 교만해지거나 경거망동해서는 안됩니다'라는 의미가 담겨 있다. 전쟁에서 승리한 황제에게 '자신에게 더욱 엄격해지고 겸손해져야 합니다'라는 메시지를 전하는 것이다.

우리 주위에는 자신에게는 한없는 관용을 베풀면서도 다른 사람에게는 엄격한 잣대를 들이대는 사람들이 많다. 자신이 실수할 때는 대수롭지 않은 것처럼 넘어가지만, 다른 사람들의 과오에 대해서는 비판을 가한다.

하지만 버핏 회장은 남에게 관대하고 자신에게는 오히려 엄격한 삶을 살아야 한다고 강조한다. 자신을 잘 관리하면 다른 사람들도 나를 인정하게 되고, 성공과 부富와 재산도 함께 찾아온다는 것이 버핏 회장의 생각이다.

/ 남에게 관대하고 자신에게 엄격하라 /

여러분은 상속세에 대해서 어떻게 생각하는가. 부모가 아들, 딸들에게 재산을 물려 줄 때에는 국가에 일정부분 세금을 내는 것이 보통이다. 부모의 재산이 고스란히 자녀들에게 돌아가는 것이기 때문에 대부분의 국가들은 이에 대해 세금을 부과한다. 우리나라도 예외가 아니다.

하지만 미국에서는 상속세를 폐지해야 한다는 목소리가 커지고 있다. 미국에는 크게 공화당과 민주당, 2개의 정당이 있는데 공화당은 보수적이고 민주당은 진보적이다. 공화당은 부자들을 위한, 민주당은 서민층을 위한 경제정책을 선호한다.

조지 W. 부시 대통령은 공화당 대통령이고, 여성인 힐러리 클린턴과 흑인인 바락 오바마는 민주당 정치인이다. 부시 대통령을 포함한 공화당 정치인들은 부자들에게 유리하도록 상속세 폐지를 주장하고 있다. 무거운 세금을 납부하지 않고 자유롭게 재산을 자녀들에게 넘겨줄 수 있기 때문이다.

여러분도 잘 알다시피 버핏 회장은 세계 최고의 부자이다. 자신의 재산 중 370억 달러37조 원를 자선단체에 이미 기부했다. 상속세가 폐지되면 자신의 세 아들에게 재산을 쉽게 물려줄 수 있는데도 버핏 회장은 상속세를 폐지해서는 안된다고 목청을 높인다.

많은 부자들이 지지하는 상속세 폐지에 대해 버핏 회장은 단호히 "그것은 정도가 아니다"며 반대하고 있다.

한국의 졸부들과 한번 비교해 보자. 한국의 졸부들은 자녀들에게 세금 한 푼 내지 않고 재산을 물려주려고 불법과 탈법을 밥 먹듯이 한다. 수십억 원의 재산을 가지고 있으면서도 어떻게 해서든지 법망을 빠져나가 상속세를 내지 않으려고 애쓴다. 또 대기업 총수와 회장들이 불법으로 자녀들에게 재산을 상속하려다 적발되는 경우도 우리는 종종 보곤 한다.

버핏 회장은 오히려 자신에게 엄격한 잣대를 적용한다. 사회에는 재산의 90% 이상을 기부할 정도로 한없이 관대하지만 오히려 자신에게는 엄격한 기준을 들이대는 것이다.

"저는 부富의 왕조적 세습에 반대합니다. 상속세는 대단히 공정한 세금이며 상속세를 폐지하는 것은 매우 혐오스러운 일입니다. 가난한 사람들에게 기회의 균등을 보장하고, 부자들에게 특혜를 주지 않기 위해서라도 상속세는 필요합니다. 상속세를 폐지하는 것은 부자들에게 특혜를 주는 것입니다. 이는 마치 2000년 올림픽 금메달리스트의 자녀들을 2020년 올림픽 대표팀 선수로 선정하는 것과 다를 것이 없습니다."

버핏 회장은 부모가 가진 재산보다는 자녀들의 실력과 능력에 따라 성공이 좌우되는 사회가 만들어져야 한다고 강조한다. 이는 우리들에게 '부모의 재산이나 유산이 아니라 자신의 실력과 노력으로 성공과 부를 만들어가야 한다'는 메시지를 전하고 있다.

버핏 회장의 자신에 대한 엄격함은 자식들 교육에서도 여실히 드러

난다. 버핏 회장에게는 세 명의 자녀 수지(56세), 하워드(55세), 피터(52세)가 있다. 버핏 회장은 재산의 85% 이상을 사회에 기부하기로 한 것에 대해 자녀들에게 수차례 미리 얘기했으며, 자녀들은 아버지의 결정에 전폭적인 지지를 보냈다.

웬만한 부자 가정의 자녀들이라면 '왜 어렵게 번 돈을 남들에게 주나. 부모님의 재산을 저희들에게 상속해 달라' 며 항의했을 법한데 버핏 회장의 자녀들은 아버지의 뜻을 존중해 주었다.

세 자녀는 아버지가 사회에 대해서는 관대하고 아버지 자신과 가족에 대해서는 엄격하다는 것을 어릴 때부터 보고 배웠기 때문에 아버지의 결정을 충분히 이해할 수 있었던 것이다.

버핏 회장은 세 자녀들에게 어렸을 때부터 많은 재산을 물려주지 않을 것이라는 점을 인식시켰다. 자녀들도 큰 재산을 유산으로 받게 될 것이라고는 생각하지 않고 자신들의 인생을 설계했다.

부모로부터 막대한 재산을 물려받은 자녀들은 돈과 재산을 모으는 것이 얼마나 힘든 일인지 모르기 때문에 돈을 흥청망청 쓰는 경우가 많다. 결국 소비의 노예가 되어 패가망신하는 일도 허다하다. 로또 복권에 당첨된 벼락부자들이 하루아침에 거지신세로 전락하는 것도 이 때문이다.

버핏 회장은 부모의 재산과 돈이 아니라 자신의 실력과 노력으로 성공하라고 주문한다. 버핏 회장의 세 자녀 중 아버지를 가장 많이 닮은 장남 하워드는 다음과 같이 말한다.

"아버지는 우리들에게 많은 돈을 물려받지 못할 것이라는 점을 분명히 했습니다. 아버지가 매년 5,000만 달러를 개인적으로 받을 것인가, 아니면 재단에 기부할 것인가를 물었을 때 우리는 모두 재단에 기부해야 한다고 말했습니다."

/ 30년째 같은 연봉 /

버핏 회장의 세 자녀가 말하는 어린 시절은 그야말로 평범했다. 이들이 청소년 때인 1960년대까지만 하더라도 버핏이 지금처럼 유명하지 않아 풍족하지만 사치스럽지 않은 생활 속에 평범하게 생활할 수 있었다.

세 자녀가 학교에 다닐 때에는 외국인 학생을 교환학생으로 받아들여 버핏의 집에서 함께 생활하도록 해 아이들의 사교성을 높여주기도 했다. 큰 딸인 수지는 어렸을 때 아버지가 밤마다 자장가로 팝송 '무지개 너머 어딘가에Somewhere, over the rainbow'를 불러줬다면서 아직도 버핏 회장을 '아빠'라고 부르고 있다.

막내인 피터는 뉴에이지 음악가로 건반을 연주하는 작곡가로 활동하고 있고, 큰형 하워드는 사진작가로 일하고 있다. 세 자녀 중 어느 누구도 버핏 회장이 운영하는 버크셔 해서웨이에서는 일하지 않는다.

한국의 재벌 회장과 총수들이 자녀들을 회사 중역으로 임명하거나 자녀들에게 회사 경영권을 그대로 넘겨주는 것과는 하늘과 땅 차이다. 버핏 회장은 자녀교육에 있어서도 엄격한 잣대를 적용하고 있는 것이다.

버핏 회장의 자신에 대한 엄격함은 연봉에서도 나타난다. 버핏 회장은 버크셔 해서웨이 회장으로 일하면서 1년 동안 10만 달러¹억 원를 받는다. 1980년 이래 30년째 단 한 번의 연봉 인상 없이 그대로 유지하고 있다.

더군다나 버핏 회장은 회사에서 자신이 개인적으로 사용한 우편, 전화 사용요금 등 5만 달러가량을 회사 측에 다시 되돌려준다. 자신의 개인 업무로 사용한 회사 돈을 가져갈 수 없다는 것이다. 회사 공금을 횡령하는 이들과는 비교되지 않는다.

버핏 회장은 자신이 너무 많은 연봉을 가져가면 회사의 주인인 주주들에게 돌아가는 몫이 그만큼 줄어든다며 주주에게 돌아가는 이익이 많아야 한다고 강조한다. 버핏 회장이 다른 백만장자들과 달리 세상 사람들의 존경과 부러움을 사는 것은 바로 이 때문이다.

뉴욕 월가의 CEO들은 말 그대로 천문학적인 연봉을 받는 것으로 유명하다. 세계 최대 투자 은행인 골드만삭스의 로이드 블랭크페인 CEO는 2007년 한 해에만 6,790만 달러638억 원의 연봉을 받았다. 버핏 회장이 받은 연봉의 630배가 넘는 어마어마한 돈이다.

우리나라의 경우 대학교를 졸업한 신입 사원들이 평균 3,000만 원의 연봉을 받는다고 가정할 경우 무려 2,000년을 아무 것도 먹지 않고 그대로 저축해야 모을 수 있는 큰돈이다.

세계 최고의 가치 투자가인 버핏 회장이 월가의 CEO들처럼 수천만 달러의 연봉을 받는다고 하더라도 반대하거나 이의를 제기할 사람은 없을 것이다. 하지만 버핏 회장은 다른 CEO들과 달리 회사 이익을 침해하는 과다한 연봉은 사회에 악영향을 미친다며 고액 연봉을 거절한다.

이처럼 버핏 회장이 남들에게는 관대하고 자신에게는 엄격한 기준을 적용하기 때문에 투자자들은 버핏 회장을 더욱 신뢰하고 비즈니스 파트너로 같이 일하고 싶어 하는 것이다.

버핏 회장은 우리들에게 이렇듯 남들에게 관대하고 자신에게 엄격한 삶을 사는 것은 언뜻 큰 손해를 입는 것처럼 보이지만 장기적인 관점에서 보면 오히려 이익이 된다는 것을 몸소 보여주고 있다. 중국 고서인 『채근담』에서는 '남의 잘못은 관대하게 대하라. 그러나 자신의 잘못에는 엄격하지 않으면 안된다' 라고 가르치고 있는데 버핏 회장은 이 가르침을 몸소 실천하고 있는 것이다.

/ 원리, 원칙이 먼저다 /

『삼국지』는 유비와 관우, 장비 등 세 명의 의형제가 천하통일의 꿈을 안고 펼쳐 보이는 활약상이 잘 묘사되어 있는 역사 소설이다. 『삼국지』의 수많은 재미있는 일화와 내용 중에 '자신에 대한 엄격함'을 강조하는 대목으로 '읍참마속泣斬馬謖'이 있다. 버핏 회장이 자신에게 적용하는 엄격함을 이해하는데 도움이 될 것 같아서 여러분에게 잠깐 소개하고자 한다.

유비가 이끄는 촉蜀나라는 조조가 지휘하는 위魏나라와 전쟁을 치르고 있었다. 유비에게는 제갈공명이라는 뛰어난 전략가가 있었다. 천하통일이라는 큰일을 앞두고 촉나라와 위나라는 가정街亭이라는 곳에서 서로 한 발자국도 양보할 수 없는 큰 전쟁을 치르게 된다.

'가정전투'를 준비하면서 제갈공명은 어떤 장군을 내보내면 좋을까 고심한다. 이때 제갈공명을 직접 찾아와 임무를 맡겠다고 자청한 사람이 바로 '마속'이다.

마속은 제갈공명의 친구인 마량(馬良)의 동생으로 무예가 출중하고 책임감이 강해 제갈공명이 늘 가까이 두고 아끼던 부하였다.

"오랫동안 병법과 무예를 연마한 장수가 가정지역 하나 수비하지 못한대서야 어떻게 장수라고 하겠습니까? 만일 제가 위나라에 패해 돌아온다면 저를 군법에 따라 엄벌에 처하더라도 달게 받겠습니다."

마속이 제갈공명에게 자신에 찬 목소리로 말했다.

"좋네, 자네의 용기가 마음에 드네. 하지만 절대 나의 명령을 따라야 하네. 먼저 공격을 하지 말게. 가정지역의 산기슭 길을 지키고만 있고, 절대 위나라 군대를 공격해서는 안되네. 전쟁에서 농담은 없는 법이네. 실수가 있다면 용서하지 않겠네."

제갈공명은 마속에게 먼저 공격을 해서는 안된다는 사실을 신신당부했다.

하지만 마속은 가정지역에 들어서자 제갈공명의 명령을 따르지 않고 산 위에 진지를 구축하고 위나라 군대와 전투를 하다 큰 패배를 당하고 말았다.

가정지역이 위나라에 점령되자 제갈공명은 마속을 보낸 것을 뒤늦게 후회했지만 이미 엎질러진 물이었다.

제갈공명은 명령을 어겨 패배를 초래한 책임을 물어 마속의 목을 자를 것을 명령했다.

신하들은 "마속의 능력이 출중하고 한번 실수를 한 것이니 다시 한 번 기회를 주어야 한다"며 "마속을 죽여서는 안된다"고 말렸다.

이에 제갈공명은 다음과 같이 말했다.

"마속은 아까운 인물이다. 나도 그를 사랑하고 아낀다. 하지만 사사로운 정에 이끌려 군율을 흩트려서는 안된다. 마속을 잃는 것은 국가의 큰 손실일지 모르나, 그의 목을 베지 않는 것은 더 큰 손실을 초래할 것이다. 장수와 부하들은 군율을 더 이상 엄격히 지키지 않을 것이다. 아까운 인물이기 때문에 마속의 목을 베어 대의를 바로 잡아야 한다."

신하들의 요청을 거절한 제갈공명은 형리를 재촉해 마속의 목을 베게 했다. 형장으로 끌려가는 마속을 보면서 제갈공명은 소매로 얼굴을 가리고 땅바닥에 엎드려 울었다.

"사랑하는 장군, 마속이여. 나를 용서해 주시오. 나에게 죄가 있고, 내가 똑똑하지 못해 자네를 죽게 만드는구려. 하지만 나는 나의 목을 칠 수도 없습니다. 왜냐하면 마속 당신의 죽음이 헛되지 않도록 촉나라를 위해 훗날을 도모해야 하기 때문입니다."

결국 마속의 목은 촉나라 진중에 걸렸다. 촉나라의 모든 군사와 신하들은 제갈공명의 마음과 심중을 알고 있었기에 누구 하나 눈물을 흘리지 않는 사람이 없었다.

이처럼 '읍참마속'은 제갈공명이 눈물을 머금고, 사랑하는 장수 마속을 베어 죽였다는 의미를 담고 있다. 원리, 원칙에 따라 자신에게 엄격함을 보였던 제갈공명의 지혜를 읽을 수 있는 명장면이다.

이처럼 제갈공명과 버핏 회장은 엄격한 자기관리로 주위 사람들의 신뢰와 신망을 얻을 수 있었다. 남들에게 관대하고 자신에게 엄격한 삶을 사는 것은 언뜻 큰 손해를 입는 것처럼 보이지만, 장기적인 관점에서 보면 오히려 이익이 된다는 것을 버핏 회장과 제갈공명은 우리들에게 보여주고 있다.

5. 평판은 가장 좋은
소개장이다

정직
Honesty

/ 깨끗하고 정직하게 돈을 벌어라 /

한국 부모나 어른들은 아이들이 돈 얘기하는 것을 꺼린다. '나는 세상에서 제일 큰 부자가 될 테야' '돈을 많이 벌어 꼭 성공하고 말테야' 등과 같이 아이들이 부자가 되겠다고 꿈을 말하면 어른들은 '어린 녀석이 일찍부터 돈맛을 안다' 며 부정적인 시각으로 바라보는 경우가 많다.

또 한국 부모들은 '사회에서 출세하려면 공부만 잘하면 된다' 며 자녀들의 자질이나 능력을 고려하지 않고 획일적으로 대학입시 공부에만 매달리도록 만든다. 선조들이 '사士 농農 공工 상商' 순서로 표현했듯이 과거에 급제해 세상에 이름을 날리는 것을 제일 큰 가치로 생각한 반면 창업을 하고 장사를 통해 돈을 버는 것은 하찮은 재주로 치부한 것도 큰 영향을 미쳤을 것이다.

한국 부모들은 '돈은 내가 벌 테니까 너희들은 오로지 공부만 열심히 하면 된다'고 생각한다. 물론 공부를 열심히 하고 학문을 닦는 것이 출세를 위한 효과적인 방법이기는 하지만 모든 학생들이 일률적으로 이 원칙을 따를 필요는 없다고 본다.

공부에 머리가 트인 아이가 있기도 하지만, 비즈니스 감각이 뛰어난 아이도 있고, 회사경영에 비상한 능력을 가지고 있는 아이들도 있다. 서로 다른 악기가 자신만의 음색을 내어 멋진 오케스트라 연주를 만들어 내는 것처럼 개개인의 능력과 자질도 천차만별이다.

한국과 달리 미국이나 유태인 사회는 '돈과 부'의 중요성을 아이들에게 먼저 가르친다. 본국인 영국의 종교적인 차별과 학대를 견디다 못해 대서양을 건너온 미국 초기의 이민자들은 맨주먹으로 오늘날 세계 최강대국이 된 미국의 기초를 닦았다. 로마제국에 멸망당한 뒤 전 세계에 흩어져서 갖은 학대와 고난을 겪어야 했던 유태인들은 결국 이스라엘을 건국했다. 모두 무에서 유를 창조한 사람들이다. 이들 민족의 부모들은 자녀들에게 '정직하게 돈을 벌어 최고의 부자가 되라'고 가르친다.

가난한 사람은 남을 도울 수 있는 힘이 약하지만, 부자들은 가난한 사람을 도울 수 있는 여력이 크다. 미국과 유태인 자녀들은 '곳간에서 인심 난다'는 한국 속담처럼 정직하게 돈을 벌어 사회를 위해 헌신하는 것이야말로 최고의 가치이자 덕목이라고 교육을 받는다.

버핏 회장은 '정직하게 돈을 많이 벌어라'라고 강조한다.

"돈을 버는 것을 하찮게 여겨서는 안됩니다. 우리가 항상 명심해야 할 것은 돈은 깨끗하게, 정직하게, 올바르게 벌어야 한다는 것입니다."

버핏 회장의 지론이다.

여러분도 잘 알고 있는 것처럼 버핏 회장은 기업의 주식에 투자해 돈을 벌고 재산을 불려 나간다. 기업들은 주식을 발행해 회사운영에 필요한 자금을 모으고 시설투자를 한다. 기업들이 발행한 주식은 주식시장에서 매매가 된다. 장사를 잘하고 이익이 많은 회사의 주식가치는 올라가고, 반대로 경영실적이 형편없는 기업의 주식가격은 당연히 떨어지게 된다.

11살 때부터 주식 매매를 시작한 버핏 회장은 지금까지 한 번도 주가를 인위적으로 조작하거나 주식가격을 부풀린 적이 없다. 주가를 조작하면 짧은 시간동안 많은 돈을 벌 수 있지만 같은 주식을 산 다른 투자자들은 큰 손실을 입기 때문에 불법 행위다.

버핏 회장은 마음만 먹으면 대기업의 주가도 인위적으로 끌어올릴 수 있을 정도로 막대한 자금과 인적 네트워크를 가지고 있다. 돈만 버는 것이 목적이라면 기업의 주가를 2배, 4배, 아니 10배 이상 끌어올릴 수도 있을 것이다. 하지만 버핏 회장은 '돈은 정직하게 벌어야 한다'는 가르침을 부모님으로부터 배웠고 이를 지금까지 몸소 실천하고 있다.

어린 시절 미국 경제의 대공황 여파와 아버지의 실직으로 가난한 시절을 보내기는 했지만 '남을 속여 돈을 버는 것은 부끄러운 일'이라는 가르침을 부모님으로부터 배웠다.

버핏 회장은 어린 시절 부모님에게서 배운 가르침을 80세가 된 지금까지도 인생의 철칙으로 삼고 실천하고 있는 것이다.

버핏 회장이 투자한 기업들 중에 '가이코GEICO'라는 보험회사가 있다. 미국에서 TV를 보면 연두색 피부를 가진 도마뱀이 나타나 가이코 회사를 선전하는 광고를 자주 보게 되는데, 이 도마뱀이 가이코 회사의 귀여운 마스코트이다.

여름휴가 때 미국 해변에서 피서를 보내고 있으면 푸른 바다 위로 가이코 마스코트 깃발을 펄럭이며 비행기가 날아가는 것을 자주 보게 된다. 바로 버핏 회장의 아이디어로 해수욕장에 몰려든 사람들을 대상으로 광고를 하는 것이다. 그만큼 그의 가이코 회사에 대한 애정과 관심은 남다르다.

가이코는 버핏 회장이 평생의 스승으로 삼았던 벤저민 그레이엄 컬럼비아대학교 교수가 한때 회장을 지내기도 했던 회사이다. 스승이 CEO로 있었던 회사에 투자하게 된 것이다.

1976년 가이코 회사의 경영 상태는 최악으로 치닫고 있었다. 고객은 가이코 회사를 외면했고, 회사는 엄청난 손해를 입었다. 주위에서 사람들은 가이코가 "곧 망할 것이다"라며 수군거리기 시작했다. 남들은 거들떠보지도 않았던 회사를 버핏 회장은 '이때다' 하고 외치며 가이코 회사에 투자를 했다. 그리고 이 회사의 주인이 된다.

당시 가이코 회사의 사장은 존 번이라는 사람이었는데 버핏 회장은 존 번 사장에게 회사 경영을 모두 맡겼다. 버핏 회장은 투자한 기업의 경영에는 간여하지 않는 것으로 유명하다. 신중하고 꼼꼼하게 사장을 선정하지만 한번 사장을 선택하면 그를 믿고 회사경영을 맡긴다. 사람과 사람의 인간관계에는 '신뢰'와 '믿음'이 무엇보다 중요하다고 생각하기 때문이다.

하지만 버핏 회장과 존 번 사장은 한 가지 약속을 한다.

"존 번 사장, 나와 한 가지 약속을 합시다."

"버핏 회장님, 그게 무엇인가요?"

"그리 어려운 것이 아닙니다. 가이코 회사에 나쁜 소식이 있거나, 좋지 않은 소식이 있을 때에는 반드시 나에게, 또 주주들에게 알려 주시기 바랍니다. 이를 숨겨서는 안된다는 것이죠. 약속하시겠습니까?"

"알겠습니다, 회장님. 저도 회사경영은 정직하게 해야 한다는 생각을 가지고 있었습니다. 다시 한 번 일깨워 주셔서 고맙습니다."

존 번 사장은 버핏 회장과의 약속을 굳건히 지키며 회사에 손실이 나거나, 회사경영이 일시적으로 어려울 때에는 버핏 회장과 주주들에게 일일이 알렸다. 그러자 버핏 회장과 주주들은 회사경영이 어렵다고 걱정하기보다는 솔직하게 회사 내용을 공개하는 존 번 사장에게 박수를 보내고, 더 큰 믿음을 가지게 되었다.

1991년 세계적인 신문사인 「워싱턴 포스트」는 가이코 회사를 '사실을 있는 그대로 보고하는 정직한 기업'으로 선정하는 등 칭찬을 아끼지 않았다. 버핏 회장은 '거짓이 더 큰 거짓을 부른다'는 생각을 갖고 항상 정직하게 생활하는 습관을 가지고 있다.

오늘날 미국 사람들이 가이코 회사에 대해 친근감을 가지고 이웃과 같이 편안한 존재로 생각하고 있는 것은 버핏 회장의 속이지 않는 정직한 정신이 반영되었기 때문일 것이다.

버핏 회장이 운영하는 버크서 해서웨이 회사도 「포브스」 「비즈니스 위크」 「하버드 비즈니스」 등 세계적으로 큰 영향력을 행사하는 경제지 설문조사에서 항상 '가장 존경받는 기업'으로 선정되었다.

돈을 불려 나가는 능력도 탁월하지만 이에 앞서 깨끗하고 정당하게 돈을 버는 원칙을 더욱 중요하게 생각하기 때문이다.

미국 사람들은 깨끗하게 돈을 버는 버크서 해서웨이를 국가의 자랑으로 생각한다. 코카콜라를 비롯해 맥도널드, 나이키, 마이크로소프트, 야후, 구글 등과 함께 미국의 대표기업으로 생각한다. 그래서 자부심도 대단하다.

버크서 해서웨이의 경영실적도 뛰어나지만 그만큼 투명하고 깨끗하게 돈을 벌고 부를 축적하는 버핏 회장을 높게 평가한다는 얘기가 될 것이다.

미국 사회에 부자를 신뢰하고 기업 경영자를 존경하는 풍토가 뿌리내린 것은 버핏 회장처럼 부자들이 원칙과 규칙을 지켜가며 돈을 벌고 재산을 모으기 때문이다.

부끄러운 일이지만 우리 주위를 한번 둘러보자. 기업을 경영하는 사람은 '뒤가 켕기는 사람'이라는 편견이 팽배해 있고, 부자들은 '부정한 방법으로 돈을 번 사람'이라며 색안경을 끼고 보는 경향이 있다.

돈을 벌고 부자가 되는 것에도 지켜야 할 원칙이 있는데 한국 부자들은 이 같은 규칙을 깨고 부자가 된 사람들이라는 선입견이 널리 퍼져 있다.

대기업 회장과 총수들이 비자금을 조성하거나, 회사 돈을 자신의 돈인 냥 유용하거나, 자녀들에게 불법으로 재산을 상속하는 등의 방법으로 부정하게 돈을 버는 경우가 허다하다. 부정과 비리로 감옥에 갔다 와서 다시 회사를 경영하는 사람들도 있다.

부富를 많이 축적했을지 모르지만 사람들은 이들을 속물로 본다.

정직하게 돈을 벌지 않는 부자들은 가난한 사람들보다 마음이 더 가난한 사람들이다. 여러분은 버핏 회장을 통해 깨끗하게 돈 버는 방법을 배워야 한다.

/ 양심의 목소리에 귀를 기울여라 /

유럽의 로스차일드 가문이 세계적인 부와 성공을 거둘 수 있었던 밑바탕에는 정직과 신뢰가 자리잡고 있다. 로스차일드 가문은 1대인 마이어 암셀 로스차일드를 비롯해 그의 아들인 암셀 로스차일드(장남), 살로몬 로스차일드(차남), 네이선 로스차일드(3남), 칼 로스차일드(4남), 제임스 로스차일드(5남) 등 2대 가문에서 성공과 부의 터전을 마련했으며 지금은 8대 후손들이 글로벌 기업을 경영하고 있다.

로스차일드는 1744년 유태인 격리지역에서 태어났다. 당시 유럽 사람들은 유태인을 멸시하고 학대했다. 그래서 로스차일드는 유태인 격리지역인 '게토getto'라는 곳에서 천민취급을 받으며 살았다. 또한 기독교인들과 함께 살 수 없었다. 기독교인들은 예수 그리스도를 죽게 만든 장본인이 유태인이라고 해서 유태인을 원수로 보았고, 인간취급조차 하지 않았다. 죽을 때까지 게토지역을 벗어나면 안되었고 통금시간에 몰래 외출한 유태인은 맞아 죽어도 벌을 받지 않았다. 기독교인들은 자녀들과 게토지역을 지나갈 때에는 자녀들의 눈을 가렸다. 저런 인간들과는 상종하지 말라는 의미였다.

나폴레옹 군대가 헤센 왕국을 공격했을 때의 일이다. 나폴레옹 군대는 윌리엄 국왕의 재산을 몰수하는 조치를 취했다. 윌리엄 국왕이 가지고 있었던 채권과 주식, 금은보화가 모두 사라질 위기에 처했다.

이전까지 윌리엄 국왕과 거래를 하던 금융업자들은 꽁무니를 빼고 해외로 도망가기 바빴다. 로스차일드는 윌리엄 국왕의 신하들과 함께 이를 막기 위해 발 빠르게 움직였다. 그리고 윌리엄 국왕의 재산을 맡고 회계장부도 관리하게 되었다. 이 같은 사실이 적발되면 목숨을 내놓아야 하는 절박한 결정이었다. 이 일을 겪으면서 로스차일드는 세상인심이란 믿을 것이 못 된다는 것을 뼈저리게 느꼈다. 달면 삼키고 쓰면 뱉는 세태를 로스차일드는 실감할 수 있었다.

로스차일드는 자택 비밀 지하실에 윌리엄 국왕의 재산을 숨겼다. 지하 1층에 자신의 재산을 숨기고, 별실에 윌리엄 국왕의 재산을 숨겨 두었던 것이다.

며칠이 지나지 않아 나폴레옹 군대가 로스차일드 집을 급습했다. 나폴레옹 군인들의 총칼 앞에 로스차일드와 아내 구틀, 그리고 자녀들은 사시나무 떨듯 온몸을 떨었다. 로스차일드는 나폴레옹 군인이 휘두르는 총부리에 머리를 맞고 피를 흘렸다.

나폴레옹 군대는 지하 1층에 있는 로스차일드 재산을 윌리엄 국왕의 재산으로 착각하고 모두 몰수해갔다. 로스차일드 가족이 평생 먹을 것

안 먹고, 입을 것 안 입고 모은 돈이었다. 하지만 로스차일드는 윌리엄 국왕의 재산이 어디에 있는지 절대 말하지 않았다. 윌리엄 국왕의 재산을 지켜줄 의무와 책임이 있기 때문이었다. 로스차일드는 자신이 위험하다고 상대방과의 약속과 신뢰를 저버릴 수는 없었다.

그는 하루아침에 거지 신세로 전락하고 말았다. 옛날의 자신으로 돌아갔다. 예순 살이 된 로스차일드는 다시 더러운 가방을 메고 프랑크푸르트 쓰레기더미를 뒤지며 넝마주이 생활을 해야 했다.

하지만 정직하고 신뢰가 있는 사람에게는 축복이 찾아오는 법. 로스차일드의 딱한 사정을 전해들은 윌리엄 국왕의 신하들은 로스차일드에게 자금지원을 해주었고, 로스차일드가 사업을 다시 시작할 수 있도록 도움을 주었다.

때는 나폴레옹 군대의 전력은 점점 약해져 탄압에 시달렸던 윌리엄 국왕이 행동반경을 넓히기 시작했을 무렵이었다. 국왕은 황실 상인들이 모두 도망간 상황에서 로스차일드만이 남아서 국왕의 재산을 끝까지 지켜냈다는 보고를 듣고 눈물을 흘렸다. 윌리엄 국왕은 유럽 각국에 빌려 준 대출금을 회수해야 했는데 이를 로스차일드에게 맡겼다. 은혜를 입은 것에 대한 보상이었다.

로스차일드는 윌리엄 국왕이 다스리는 헤센 왕국의 대출업무를 전담하게 되었고, 수수료도 많이 받게 되었다. 무엇인가를 바라고 한 행동은 아니었지만 윌리엄 국왕은 로스차일드에게 큰 특혜를 주었다. 로스차일드와 그의 다섯 아들들은 독일은 물론 영국, 이탈리아, 오스트리아, 프랑스 등 유럽 각지를 돌아다니며 사업을 시작하게 되었다. 로스차일드 가문의 화려한 탄생은 이렇게 가능했던 것이다.

　버핏 회장과 로스차일드 가문의 정직은 닮은 데가 많다. 당장의 이익을 위해 사람들을 속이고 배신하기보다는 양심의 목소리에 귀를 기울이며 정직한 삶을 살았던 것이다. 그리고 그 결과는 성공과 부로 이어졌다.

　영국 속담 중에 이런 말이 있다.

　"하루가 행복하려면 이발소에 가서 머리를 깎으세요. 1주일만 행복하려면 결혼을 하세요. 1개월 정도라면 말馬을 사고, 1년이라면 새 집을 지으세요. 하지만 평생토록 행복하기를 원한다면 정직한 인간이 되세요."

6. 거인들의
어깨 위에 서라

멘토
Mentor

/ 평생 스승을 만들어라 /

정직한 방법으로 돈을 벌어 부자가 되거나, 자기계발을 열심히 해서 성공하기 위해서는 멘토^{mentor}가 필요하다. 멘토는 '본받고 싶은 사람' '나에게 가르침을 주는 선생님과 같은 존재' '내가 되고자 하는 사람' 등으로 풀이할 수 있다.

TV를 보거나 신문을 읽다 보면 멘토라는 말을 참 많이 접하게 된다. 잠깐 멘토의 유래와 기원에 대해 살펴보자.

'멘토'라는 말은 그리스 신화에서 유래되었다. 고대 그리스의 이타이카 왕국에 오디세우스라는 왕이 있었다. 그는 트로이^{Troy} 전쟁에 참여하기 위해 먼 길을 떠나며 자신의 아들인 텔레마코스를 보살펴 달라고 친구에게 맡긴다. 그 친구의 이름이 바로 '멘토'였다.

멘토는 오디세우스가 전쟁에서 돌아올 때까지 텔레마코스에게 왕궁의 예의범절과 세계 역사, 수학, 상식 등을 가르치며 성심성의껏 텔레마코스를 교육시켰다.

텔레마코스에게 스승인 멘토는 그야말로 선생님이자 친구이자 상담자였으며, 때로는 아버지가 되어 그를 잘 돌보아 주었다. 이후 '멘토' 라는 그의 이름은 지혜와 믿음으로 한 사람의 인생을 이끌어 주는 선생님이라는 의미로 사용되었다.

망망대해를 항해하는 배가 목적지를 정해 놓고 돛을 올리듯이 80평생을 사는 인간도 멘토나 성공모델을 만들어 놓고 살아야지 표류하거나 좌초되지 않는다.

멘토는 삶을 살아가는데 자극제가 되기도 하고, 실패와 좌절에 빠져 있을 때는 새로운 에너지가 되기도 한다. 멘토가 있는 삶과 멘토 없이 하루하루를 무의미하게 사는 삶에는 큰 차이가 있을 수밖에 없다.

버핏 회장은 벤저민 그레이엄Benjamin Graham 컬럼비아 대학교수를 평생의 멘토로 여기며 공부하고 주식투자를 했다. 여러분도 잘 알다시피 버핏 회장은 '가치투자의 귀재' 라고 불린다.

기업 가치가 떨어진 주식을 사서 장기간 보유하면 주식가격이 올라가 이익을 얻을 수 있다는 것이 가치투자의 핵심이다. 11살 때 주식투자를 시작해 지금까지 69년 동안 버핏 회장이 변함없이 지키고 있는 원칙이자 투자지침이다.

버핏 회장은 '가치투자 원칙' 을 자신의 생명과 같이 지키고 있는데, 이는 모두 벤저민 그레이엄 교수에게서 배우고 터득한 것이다.

버핏 회장이 벤저민 그레이엄 교수를 만나지 않았더라면, 설령 만났더라도 그레이엄 교수를 멘토로 여기지 않았더라면, 과연 오늘날의 버핏 회장이 될 수 있었을 것인가 의문을 갖는 사람들이 있을 정도이다.

1950년, 버핏 회장이 19살이었던 때의 일이다. 버핏은 어릴 때부터 신문배달과 오락기 판매, 주식투자 등을 통해 1만 달러의 돈을 모아 놓은 상태였다. 증권 브로커였던 아버지의 어깨 너머로 주식투자를 하는 방법을 배우기는 했지만 전문적인 지식과 경험은 부족했었다.

당시 버핏은 자신의 고향 오마하의 지방대학인 네브래스카 대학 4학년에 다니고 있었다. 좀 더 체계적으로 공부를 하고 싶은데 어떻게 하면 좋을까 고민하던 버핏은 그해 여름 하버드 대학의 비즈니스 스쿨^{경영대학원}에 입학원서를 낸다.

부모님과 가족들도 좋은 선택을 했다며 격려해 주었지만 결과는 애석하게도 낙방이었다. 시골 출신인데다 외모도 애송이처럼 보여 입학을 받아 주지 않았던 모양이라고 버핏은 혼자 생각했다.

어려서부터 큰 실패를 모르고 살았던 버핏에게는 큰 충격이었다. 그렇다고 마냥 실의에 빠져 있을 수는 없는 일이었다. 동네 어른들로부터 책벌레라는 별명을 얻었던 버핏은 경제관련 책을 읽으면서 아픈 마음을 달랠 수밖에 없었다.

그러던 어느 날, 버핏은 벤저민 그레이엄 교수의 명저 『현명한 투자자_{The Intelligent Investor}』라는 책을 접하게 된다. 몇 장을 읽어 나가던 버핏은 마치 쇠몽둥이로 머리를 얻어맞은 것처럼 신선한 충격을 받는다. 어두운 밤길을 헤매다 돌뿌리에 걸려 넘어진 그에게 이 책은 저 멀리서 빛나는 불빛을 본 것 같은 경험이었다.

벤저민 그레이엄 교수는 '가치투자의 아버지'로 불리는 사람이다. 우스갯소리로 떡볶이에도 원조가 있듯이 가치투자 이론을 가장 먼저 체계적으로 정립한 사람이다.

기업의 가치는 시장충격이 가해지면 적정가치 이하로 떨어지게 된다. 마치 금덩어리가 진흙탕에 빠지면 그 가치를 제대로 평가하지 못하고 그냥 지나치고 마는 것과 같은 이치다. 이처럼 적정가치 이하로 떨어진 기업의 주식을 사서 적정가치가 될 때까지 장기간 보유하면 수익을 올릴 수 있다는 것이 가치투자의 핵심이다.

버핏은 사방으로 펼쳐진 미로에서 출구를 발견한 느낌이었다. 벤저민 그레이엄 교수의 책을 다 읽기가 무섭게 버핏은 다음날 그레이엄 교수가 교편을 잡고 있는 뉴욕으로 날아가 컬럼비아 대학의 비즈니스 스쿨에 입학원서를 냈다.

하버드 대학에서는 입학이 거부되었지만 컬럼비아 대학은 버핏의 열정과 도전정신을 높이 평가해 입학을 허가해 주었다. 버핏과 그의 평생 스승인 벤저민 그레이엄 교수의 운명적인 첫 만남은 이렇게 이루어졌다. 이는 버핏이 가치투자의 길로 들어서서 세계적인 투자자로 거듭나는 첫걸음이었다.

어린 시절부터 학교공부보다는 경제관련 서적을 읽는데 골몰하며 학업을 소홀히 했던 버핏은 학습 스타일이 180도 변하게 된다.

자신이 좋아하는 분야를 공부하고 있었고, 새로운 스승을 만나 자신의 인생목표를 명확하게 결정했기 때문에 학업은 물론 매사에 흥미가 붙었다. 자신이 진정으로 하고 싶은 분야에서 일할 때에는 새로운 에너지와 열정이 솟아나는 법이다.

당시 벤저민 그레이엄 교수 밑에서 가르침을 받은 학생과 직장인은 어린 버핏을 포함해 20명 정도였는데 맨해튼 월스트리트에서 활동하는 전문 투자가들도 꽤 있었다.

/ 버핏은 'A+' 제자 /

월스트리트에서 일하는 전문 투자가들은 수천만 달러의 돈을 운용하고 주식에 투자하는 전문가들이었기 때문에 같이 수업을 받는 어린 버핏은 주눅이 들 수밖에 없었다. 학교 수업시간은 마치 성경에 나오는 다윗과 골리앗이 같은 반에서 학교성적을 놓고 승부를 겨루는 모습 같았다.

20살의 버핏은 학급 클래스에서 가장 나이가 어렸다. 버핏은 '반드시 전문 투자가들을 이기고 말 거야'라며 자신에게 승리의 주문을 걸었다. 학교 수업이 끝나면 바로 도서관으로 달려가 그날 배운 것을 복습하고 경제경영 서적을 찾아 밤을 새워가며 공부했다.

학업 초기에는 그레이엄 교수의 강의가 어렵고, 전문 투자가와 그레이엄 교수가 주고받는 대화를 이해하기 힘들었지만 시간이 지나면서 버핏도 대화와 토론에 동참할 수 있었다.

교사가 일방적으로 학생들에게 지식을 주입하는 한국과 달리 미국 교육은 질문과 대답, 토론 형식으로 수업이 진행되기 때문에 제대로 복습과 예습을 하지 않으면 수업에 참여하는 것조차 힘든 경우가 많다.

버핏은 시간이 지날수록 수업을 주도하는 학생이 되었다. 그레이엄 교수가 던진 질문에 전문 투자가들도 대답을 하지 못해 끙끙거리고 있을 때 버핏이 손을 들어 대답하는 경우가 갈수록 많아졌다.

1951년 6월 버핏은 2년 만에 컬럼비아대 비즈니스 스쿨을 졸업한다. 일부 학생들은 게으름을 피워 졸업을 못하거나 중도에 학업을 포기하는 경우도 있었지만 버핏은 모든 것을 잘 견뎌냈다.

자신의 꿈을 향해 열정적으로 공부하고 준비한 노력이 있었기에 가능했다. 그레이엄 교수는 학생들의 성적에는 인색했다. 좀처럼 최고 점수인 'A+'를 주지 않았다. 그레이엄 교수가 교편을 잡은 22년 동안 그에게서 'A+'를 받은 사람은 한 사람도 없었다.

하지만 버핏의 졸업 성적에는 'A+'라고 분명하게 쓰여 있었다. 그레이엄 교수에게서 'A+'를 받은 학생은 버핏이 처음이자 마지막이었다고 한다. 버핏은 컬럼비아 경영대학원 졸업생 중 가장 뛰어난 학생 중의 한 사람이었던 셈이다.

배움과 학업에 목말라했던 어린 버핏은 지금 세계 최고의 부자이자 투자가가 되어 있다. 사람들은 가치투자의 아버지인 벤저민 그레이엄보다 그의 제자였던 워렌 버핏을 최고의 가치투자가로 여긴다.

버핏 회장이 세계 최고의 부자로 성공할 수 있었던 것은 일찍이 자신의 멘토를 발견하고 멘토를 넘어설 정도로 노력하고 도전했기 때문이다. '청출어람靑出於藍'이라는 말이 있다. 푸른색은 남색藍에서 나왔다는 뜻으로 학생이 자신을 가르친 선생님보다 뛰어난 인물이 되는 것을 말한다. 벤저민 그레이엄 교수와 버핏의 만남이 청출어람의 대표적인 사례가 아닐까.

/ 위대한 사람들의 멘토 이야기 /

역사적인 위인들 중에는 일찍이 자신의 멘토를 정하고, 멘토의 철학과 가르침을 그대로 실천해 훌륭한 사람이 된 경우가 많다. 미국의 인권운동가 마틴 루터 킹 주니어1929~1968년가 대표적이다. 마틴 루터 킹이 살았던 당시 미국은 흑인에 대한 차별과 편견이 심했다.

흑인들은 백인들과 같은 학교에 다닐 수 없었고, 버스를 탈 때에도 뒤로 가야 했으며, 흑인 아이들은 백인들이 다니는 도서관에 출입조차 할 수 없었다. 미국의 백인들은 '선택된 사람들'이었고, 흑인은 '버려진 사람들'이었다.

흑인에 대한 차별이 날이 갈수록 심해지자 흑인들은 미국 정부에 대한 무력시위에 나섰다. 백인 경찰관을 향해 돌을 던지고, 총을 발사하고, 관공서까지 점령하는 일이 여기저기서 발생했다.

목사였던 마틴 루터 킹은 '폭력은 폭력을 부를 뿐'이라며 철저하게 평화적인 시위를 주도했다. 흑인과 백인은 같은 미국의 국민인데 백인 형제들에게 폭력을 휘둘러서는 안된다며 흑인들을 가르쳤다.

흑인들 사이에서도 '비폭력'을 외치는 마틴 루터 킹 목사에 대해 반대하는 목소리가 컸지만 킹 목사는 끝까지 무력을 쓰지 않았다.

마틴 루터 킹은 인도 건국의 아버지 마하트마 간디1869~1948년를 평생의 멘토로 삼았다. 흑인 인권운동을 전개하다가 시련이 닥칠 때마다, 힘이 들 때마다, 장애물에 부딪칠 때마다 그는 간디의 가르침을 실천했다.

간디는 식민지 인도를 탄압하는 영국 정부에 맞서 '폭력은 폭력을 부르고, 칼로 흥한 자는 칼로 망한다' 는 원칙을 중시하며 비폭력으로 저항한다. 1922년 인도의 위대한 작가인 타고르는 간디에 대해 '마하트마Mahatma, 위대한 영혼' 라고 칭송한 시를 썼는데, 이후 세상 사람들은 '간디'를 '마하트마 간디' 라고 부르게 되었다.

무력행사를 거부한 간디의 위대한 영혼은 인도민족에게 큰 영향을 미쳤으며, 마틴 루터 킹에게도 막대한 영향을 주게 된다. 미국 흑인들의 인권개선에는 마틴 루터 킹 목사가 큰 역할을 했지만, 그 속에는 마하트마 간디의 '비폭력주의' 정신도 함께 녹아 있는 것이다.

마틴 루터 킹 목사와 버핏 회장의 공통점은 자신들의 멘토를 일찍 설정하고 자신의 목표를 향해 끊임없이 노력했다는 점이다. 멘토는 우리에게 삶의 방향을 제시하는 나침반과 같은 존재가 되기도 하고, 중심을 잡아 주는 북극성과 같은 역할을 한다.

'토크쇼의 여왕' 이라는 닉네임을 가지고 있는 오프라 윈프리도 자신만의 롤모델과 멘토를 마음에 품고 목표를 향해 질주한 인물이다. 그녀의 재산은 무려 24억 달러로 한국 돈으로 약 2조 8,000억 원에 달한다. 미혼모의 딸로 태어나 인종차별을 받으며 혹독한 시련을 겪었지만 결국 모든 어려움을 극복하고 지금은 세상에서 가장 존경받는 여성이 된 인물이다. 흑인이고, 여성이고, 사생아의 딸이고, 성적학대를 당했고, 미숙아를 사산하기도 했고, 남자 때문에 마약을 복용하기도 했다. 마치 뉴욕 맨해튼에 있는 할렘가를 방황했던 것이 아닐까라고 생각할 정도로 불운한 어린 시절을 보냈지만 결국 그녀는 세계 최고의 스타가 되었다.

오프라는 17살 때 꿈을 발견했다. 바바라 월터스같은 유명한 방송인이 되고 싶다는 사실을 주위 사람들에게 알렸다. 그리고 방송인이 되기 위해 자기 자신을 단련시키고, 공부하고, 능력을 계발했다. 정해진 시간표대로, 인생 계획표대로 자기 자신을 훈련시켰다.

오프라가 롤모델로 삼았던 바바라 월터스는 과연 어떤 인물일까? 바바라 월터스는 1931년 생으로 한국 나이로 80세다. 방송작가로 출발해 1970년대 저녁뉴스쇼에 첫 여성앵커로 발탁된 이래 지금까지 방송분야에서 종횡무진 활약하고 있는 바바라는 2009년 미국 경제 전문지 「포브스」가 선정한 가장 영향력 있는 여성 3위에 이름을 올리기도 했다.

바바라는 '인터뷰의 여왕' 이라는 별명을 가지고 있다. 세계의 주요 정치지도자는 물론 당대의 명배우, 희대의 살인마에 이르기까지 이슈가 되거나 시청자가 알기 희망하는 인물들은 거의 다 그녀의 인터뷰 대상이 되었고, 그 인터뷰는 성공했다. 그녀가 인터뷰를 꼭 하고 싶었지만 성사시키지 못한 인물은 영국의 엘리자베스 여왕뿐이다.

바바라는 인터뷰를 한 인물들 중 가장 깊은 인상을 받았던 사람으로 이집트의 사다트 대통령과 쿠바 지도자 피델 카스트로를 꼽는다. 끈질기게 물고 늘어진 집념이 있었기에 가능했던 인터뷰였다.

바바라는 주미 이집트 대사를 끈질기게 설득해 이전까지 미국 언론과는 절대 인터뷰를 하지 않았던 사다트 대통령과의 인터뷰에 성공했다. 처음에 바바라는 이집트 정부 관리로부터 "이집트에 오는 것은 말리지 않겠지만 사다트 대통령과의 인터뷰는 약속을 보장할 수 없다"는 답변을 들었다. 하지만 일말의 희망을 안고 이집트로 향했다. 며칠 동안이나 외부출입을 하지 않고 호텔 방에 머무르며 전화벨이 울리기만 기다렸다. 바바라의 의지가 확고하다는 소식을 전해들은 사다트 대통령은 결국 바바라를 대통령궁으로 불러들여 인터뷰에 응했다. 세상 사람들은 바바라가 사다트 대통령과 인터뷰를 나누는 장면을 TV로 지켜보면서 명불허전名不虛傳이라고 감탄했다.

피델 카스트로 쿠바 대통령과의 인터뷰는 세상 사람들을 더욱 놀라게 했다. 카스트로 대통령은 대표적인 반미주의자로 미국 자본주의를 배격하는 인물이다. 1975년 바바라는 유엔주재 쿠바공관과 워싱턴 주재 체코대사관 쿠바대표부에 인터뷰를 요청하는 편지를 수도 없이 보냈다. 하지만 2년 동안 답장은 한 통도 없었다. 그러나 그녀는 포기하지 않고 카스트로 대통령과의 인터뷰를 성사시키기 위해 백방으로 뛰었고, 이 같은 소문은 쿠바정부에 전달됐다.

카스트로 대통령은 바바라의 집념과 끈기에 두 손을 들고 인터뷰에 응하기로 결정했다. 베일에 싸여 있었던 카스트로 대통령은 이전까지만 하더라도 쿠바 안팎에서 단 한번도 TV인터뷰를 한 적이 없었다.

무려 5시간에 걸친 인터뷰가 끝난 후, 녹초가 된 바바라와 스태프들에게 카스트로 대통령은 부엌으로 가 직접 치즈를 녹여 샌드위치를 만들어 주었다. 그때까지 바바라가 먹어 본 샌드위치 중 가장 맛있는 샌드위치였다.

1977년 6월 방영된 카스트로 대통령과의 인터뷰는 바바라가 토크쇼 진행을 맡은 이래 가장 높은 시청률을 기록했다. 포기를 모르는 끈기가 낳은 결과였다.

직장생활을 갓 시작한 사회 초년생 젊은이가 바바라에게 이렇게 물은 적이 있었다.

"직장생활을 어떻게 시작해야 할까요?"

"회사에서 시키는 대로 무슨 일이든지 하세요. 아니 시키기 전에 알아서 자발적으로 일을 찾아서 하세요. 그러다 보면 일이 어떻게 돌아가는지 자연스럽게 배울 수 있을 거예요. 회사에서는 위기상황이 끊임없이 발생하고 돌발변수도 많죠. 그럴 때 제자리를 지키고 있다면 여러분에게도 기회가 올 거예요. 일단 기회라고 생각되면 놓치지 말고 잡으세요. 조직생활에서 성공하려면 어느 정도 집요하게 달라붙어야 합니다."

오프라 윈프리가 바바라 월터스를 역할모델로 삼은 데에는 다 그럴 만한 이유가 있었다. 오프라는 바바라의 목표를 향해 도전하는 정신과 끊임없이 자기 자신을 업그레이드시키려는 노력을 높이 평가했던 것이다.

여러분의 멘토는 누구인가. 여러분은 멘토를 닮아가고 있는가. 성공한 인생은 멘토를 가까이에 두고 앞으로 나아가는 삶이라는 것을 버핏 회장과 오프라 윈프리는 우리들에게 보여주고 있다.

7. 미루는 것은 포기한 것과 마찬가지다

미래 준비
Preparing for the Future

/ 버핏 회장의 유언 /

　사람들은 어제보다 나은 오늘, 오늘보다 행복한 내일을 위해 많은 준비를 한다. 세상을 바라보는 견문과 시야를 넓히기 위해 해외 유학을 가는 사람들도 있고, 청운의 꿈을 안고 고시공부를 하는 사람들도 있다. 바쁜 직장생활을 하면서도 시간을 내어 외국어 공부를 하거나 자격증 시험을 준비하면서 은퇴 이후, 자신의 미래를 준비하는 직장인들도 있다.

　장래에 대한 꿈과 희망을 이루기 위해 사람들은 자신을 채찍질하면서 자기계발을 하는 것이다. 여러분은 미래를 위해, 꿈을 위해, 어떠한 준비를 하고 있는가. 혹시 아무런 목표와 이정표도 없이 세월이 흘러가는 대로 자신을 방치하고 있는 것은 아닌지 한번쯤 되돌아보아야 한다.

버핏 회장은 자신이 세상을 떠난 이후에도 버크셔 해서웨이를 위해 많은 준비를 해 놓았다. 자신이 세상을 떠나면 버크셔 해서웨이 회사가 잘못된 방향으로 나아가지 않도록 하기 위해 철저한 준비를 한 것이다. 당장 '내일 무슨 일어날까?' 걱정하며 살아가는 보통 사람들과는 큰 차이가 있다.

버핏 회장은 자신이 세상을 떠난 이후에 버크셔 해서웨이 경영진들이 어떻게 회사를 꾸려 나가야 할지 방향을 제시한 유언장을 만들어 놓았다. 버핏 회장이 세상을 떠나는 날 경영진들이 이 편지를 펼쳐 보고 버핏 회장의 계획대로 회사를 운영하도록 했다.

버핏 회장은 다음과 같이 말한다.

"저는 세상을 떠난 이후에도 5년 정도는 계속 버크셔 해서웨이에서 일을 할 겁니다. 이 편지로 버크셔 해서웨이 경영진과 임원들은 저와 대화를 하게 됩니다. 버크셔 해서웨이에는 제가 없어도 회사를 잘 꾸려 나갈 유능한 인재들이 많습니다. 이 편지는 제가 죽게 되면 회사 임원들에게 발송될 겁니다. 편지의 시작은 이렇습니다.

'저는 어제 죽었습니다. 저는 이 편지에 회사를 어떻게 꾸려 나가야 하고, 위험한 상황이 오면 어떻게 대처해야 하는지 자세하게 설명해 놓았습니다. 이 편지의 마지막에는 이렇게 적어 두었습니다. '여러분, 제가 지시한 그대로 하세요!' 라고요."

여러분은 버핏 회장의 유언을 어떻게 생각하는가. 보통의 부자라면 유언장에 '재산은 이렇게 분배하도록 해라' '내가 죽으면 어디에 묻어 달라' 등의 유언을 남기겠지만, 버핏 회장은 죽어서도 회사를 어떻게 경영해야 할지 사람들에게 전하고 있다.

버크셔 해서웨이에 투자하는 주주들을 위해 버핏 회장은 자신이 세상을 떠난 이후까지 준비하고 있었던 것이다. 사실 버핏 회장은 어떤 일을 실행하기에 앞서 항상 철저하게 준비를 하고 대비를 한다.

/ 준비가 되어 있으면 걱정할 것이 없다 /

버핏 회장은 자신의 이름을 내건 투자회사 '버핏 어소시에이츠'를 설립하기 위해 신문배달, 골프공 판매, 경마競馬 정보지 발간, 핀볼기계 대여 등 수많은 사업에 손을 대고 자금을 마련했다. 이러한 노력과 준비가 있었기 때문에 워렌 버핏은 꿈에도 그리던 투자회사를 설립할 수 있었다.

도전하지 않고, 준비하지 않는 사람에게는 네잎 클로버가 떨어지지 않는다. 항상 준비하고 노력하는 사람에게 행운의 여신은 미소를 짓는 법이다. 사람들은 이를 유비무환有備無患이라고 말한다.

인생도 마찬가지이다. 준비하고 도전하면 미래에 긱징거리가 없어지지만, 준비를 게을리하면 한숨과 탄식이 겹겹이 쌓인다. 무지개가 빛나는 미래를 얻게 될 것인가, 아니면 칠흑같은 어둠에서 한숨만 내쉴 것인가의 여부는 자신의 마음가짐에 달려 있다.

버핏 회장의 미래에 대비하는 유언은 역사소설 『삼국지』의 영웅 제갈공명의 지혜와 많이 닮았다.

광활한 중국 대륙을 통일하기 위해 위魏나라와 촉蜀나라가 전쟁을 벌이고 있을 때의 일이다. 촉나라에는 '제갈공명^{제갈량}' 이라는 출중한 인재가 있었고, 위나라에는 '사마중달^{사마의}' 이라는 훌륭한 인물이 있었다. 지식과 지혜를 겨루자면 이들은 누가 낫다고 할 수 없을 정도로 재능이 뛰어났다. 전쟁은 밀고 당기기를 반복하며 계속 이어졌다.

그러던 어느 날, 촉나라 군사를 이끌고 위나라를 공격하던 제갈공명은 전쟁터에서 그만 병에 걸리고 만다. 제갈공명은 자신이 죽으면 지도자를 잃은 촉나라 군사들이 위나라 군사들에게 크게 패할 것을 걱정해 안전하게 후퇴할 수 있도록 유언을 남겨 둔다. 그리고 제갈공명은 숨을 거둔다.

한편 사마중달은 제갈공명이 죽었다는 소문도 들리고, 또 자신이 점을 쳐 보니 제갈공명이 죽을 시점이 가까워졌다는 점괘를 확인하고 촉나라를 맹공격한다.

그런데 진군 도중, 높은 언덕 위에서 제갈공명이 가마 위에 앉아 군사들을 지휘하는 모습을 보게 된다. 사마중달과 위나라 군사들은 죽은 줄로만 알았던 제갈공명이 의자 위에 늠름하게 앉아 있는 것을 보고는 넋을 잃고 도망치기 바빴고, 촉나라 군사들은 죽은 줄만 알았던 제갈공명이 살아 있다는 확신을 갖고 용기백배해 다시 싸웠다. 결국 위나라 군사들은 도망을 가게 되고, 촉나라 군사들도 자신들의 땅으로 돌아가게 된다.

고향으로 돌아온 촉나라 군사들은 제갈공명이 실제로 죽었다는 사실을 알고 대성통곡한다. 제갈공명은 죽기 전 신하들을 시켜 자신과 똑같이 생긴 나무인형을 만들어 의자에 앉혔던 것이다. 나무인형을 제갈공명으로 착각한 사마중달과 위나라 군사들은 지레 겁을 먹은 것이다. 사마중달은 시간이 흘러서야 제갈공명의 계략에 속았다는 것을 깨닫게 된다. 제갈공명이 죽어서도 살아 있는 사마중달을 패배시킨 유명한 일화이다. 후세 사람들은 이를 가리켜 '죽은 제갈공명이 산 사마중달을 이겼다' 고 말한다.

버핏 회장의 유언은 제갈공명의 유언과 많이 닮았다. 제갈공명이 죽어서도 나라를 위해 많은 준비를 했다면, 버핏 회장은 자신이 세상을 떠나더라도 버크셔 해서웨이가 흔들리지 않고 경영될 수 있도록 준비해 두고 있다.

/ 정년퇴직을 보장해 주는 회사는 없다 /

여러분은 아름다운 미래를 위해 어떠한 준비를 하고 있는가. 직장을 은퇴하고 난 뒤 어떻게 대비할 것인가. '그냥 하루하루 살다 보면 되겠지' 하며 안일한 생각에 빠져 있는 것은 아닐까.

우리나라 베이비부머1955~1963년 세대 직장인 10명 중 8명은 회사가 정년퇴직을 보장해 주지 않아 갑작스런 퇴직에 불안해 하는 것으로 나타났다. 취업포털 잡코리아가 직장인 1,292명을 대상으로 설문조사를 한 결과 베이비부머 세대의 81.4%가 '현재 근무하고 있는 회사가 정년퇴직을 보장해 주지 않는다' 고 답했다. 베이비부머 세대 직장인들이 가장 걱정하고 있는 부분은 '당장의 생계유지비(34.1%)' 가 가장 많았고, 부부의 노후준비(30.9%), 자녀 교육비(25.2%) 등의 순이었다.

요즘 직장인들은 55세가 넘으면 직장을 그만두어야 한다. 공무원들은 60세까지 정년이 보장되지만 보통 직장인들은 50세가 넘으면 서서히 은퇴 각오를 해야 한다. 인생을 80세로 잡으면 나머지 25~30년은 별다른 직업 없이 살아나가야 한다. 무엇으로 생계를 유지할 것인가. 나이가 들면 재취업도 힘들고, 오라고 하는 회사도 없다. 젊었을 때 노후를 준비해야 하는 이유가 여기에 있다. 젊었을 때 저축을 많이 할 수도 있고, 학원에 다니면서 은퇴 이후 자기사업을 준비할 수도 있고, 연금과 보험에 의지할 수도 있다. 어떠한 것이 되었든 준비를 하는 마음자세가 중요하다.

금융회사를 취재하다 보니 보험사 관계자들을 자주 만나게 된다. 이들은 하나같이 변액보험, 종신보험, 연금보험 등에 가입해 미래를 준비하는 사람들은 생활태도가 다르다고 한다. 매월 월급에서 일정금액을 저축하는 형식으로 보험에 가입하는 데 빠듯한 생활비를 쪼개 은퇴 이후의 삶을 준비한다는 것이다. 매월 내는 보험료가 몇 개월, 1년, 10년, 20년이 지나면 나중에 큰 목돈이 되고 은퇴생활 이후를 즐길 수 있을 만큼의 자금이 된다고 한다. '오늘 쓰고 보자'는 생활태도는 당장은 대단히 화려해 보이지만 나중에는 한숨만 나오게 된다. 반면 '내일을 준비하자'는 태도는 당장은 구두쇠같아 쫀쫀해 보이지만 나중에는 행복과 여유를 선사한다. 여러분은 어떠한 삶을 살고 있는가.

'스웨덴의 삼성전자'로 통하는 발렌베리 가문도 미래를 위한 준비에 철저했다. 스웨덴은 인구 900만 명가량으로 대한민국 서울보다도 인구가 적다. 하지만 1인당 국민소득GNP이 4만 달러를 넘어설 정도로 부유하다. 한국의 1인당 국민소득이 2만 달러에 미치지 못하는 것과 비교하면 스웨덴의 경제력을 알 수 있다. 이 같은 스웨덴 경제를 지탱하는 힘이 바로 '발렌베리Wallenberg 가문'이다. 유럽 사람들은 발렌베리 가문을 일컬어 '유럽 최대의 산업왕국'이라고 부른다. 창업자인 앙드레 오스카 발렌베리1816~1886년가 기업을 일으켰고 지금은 5세대인 자손들이 기업을 경영하고 있다.

발렌베리 가문이 보유하고 있는 기업은 통신장비 업체인 에릭슨Ericsson을 비롯해 발전설비 업체인 ABB, 가전제품 업체인 일렉트로룩스Electrolux, 종이업체인 스토라엔소, 베어링 생산업체인 SKF 등 14개에 달한다. 앞에서 예로 든 5개의 기업은 해당 분야에서 세계 1위를 기록할 정도로 높은 명성을 얻고 있다. 14개의 자회사 중에는 제약회사인 아스트라제네카AstraZeneca, 세계적인 항공기 생산업체인 사브SAAB처럼 이름만 대면 금방 알 수 있는 기업들이 많다.

발렌베리 가문이 보유하고 있는 기업들이 스톡홀름증권거래소 시가총액에서 한때 50% 이상의 비중을 차지한 적도 있다. 스톡홀름증권거래소도 발렌베리 가문이 소유하고 있다. 또 스웨덴 국민총생산의 30%를 발렌베리 가문과 기업들이 창출하고 있다. 한마디로 말하면 발렌베리 가문을 빼고는 스웨덴 경제를 얘기할 수 없을 정도이다. 삼성그룹이 한국 경제에서 차지하는 비중보다 발렌베리 가문이 스웨덴 경제에서 차지하는 비중이 훨씬 크다고 할 수 있다. 1856년 설립돼 5세대에 걸쳐 150년 이상 발렌베리 가문의 명성을 이어가고 있는 비결은 무엇일까.

발렌베리 가문을 일으킨 앙드레는 1816년 스웨덴에서 주교의 아들로 태어나 평범하게 성장했다. 학교성적이 뛰어난 것도 아니고 특출한 재능이 있었던 것도 아니었으며 오히려 성적이 좋지 않아 말썽꾸러기 취급을 받을 정도였다. 17살이 되던 해에 엄격한 규율을 준수해야 하는 해군사관학교에 들어가 장교 생활을 했다.

그는 해군 생활에 만족하지 않았다. 더 큰 세상으로 여행을 떠나 자기 자신의 진로를 고민해 보기로 했다. 목적지는 미국 동부의 보스턴이었다. 그는 미국에서 은행산업이 크게 발전하고 있는 것을 목격하고는 고국으로 돌아가면 은행산업에 투신하기로 결심했다. 은행과 금융 분야 책을 구해서 밤을 새워가며 읽었다. 여행을 통해 견문과 지식을 넓히고 인생항로를 결정했던 것이다. 앙드레는 해군장교 생활을 하면서도 은행가로서의 꿈을 위해 부단히 노력하고 준비했다. 그리고 20여 년의 세월이 흐른 뒤, 그가 40살이 되던 해에 발렌베리 가문의 모태가 되는 스톡홀름엔스킬다 은행Stockholms Enskilda Bank을 설립했다. 은행을 세우겠다는 목표를 정하고 20년간 철저하게 준비했던 것이다.

우선 상류층 고객을 대상으로 유산을 맡아 관리하면서 연간 21%의 이자를 지불했다. 귀족부인들과 부자들이 앙드레의 명성을 듣고 은행에 돈을 맡기면서 고객은 눈덩이처럼 불어나기 시작했다. 영국과 프랑스에 이어 스웨덴도 가파르게 경제가 성장하고 있었다. 철광석, 목재 등과 같은 원자재에 대한 수요가 급증하면서 은행에서 돈을 빌리려는 기업가들이 크게 늘어났다. 그는 단순하게 돈을 빌려 주는 대출업무에서 벗어나 기업가들을 대상으로 자금거래를 하고, 채권을 발행하고, 해외 차입을 주선하는 업무도 병행했다. 오늘날 대부분의 은행들이 취급하는 업무를 그는 19세기 중반에 이미 시행했는데 이는 스웨덴에서는 처음으로 도입된 것이었다. 사람들은 그를 '스웨덴 제2의 군주' '북유럽의 메디치' 등으로 불렀다.

앙드레가 설립한 스톡홀름엔스킬다 은행은 현재 스웨덴 2대 상업은행인 SEB가 되어 발렌베리 가문의 영광을 전하고 있다. 앙드레는 슬하에 21명의 자녀를 두었으며 이후 그의 후손들은 은행업을 기반으로 여러 기업을 인수해 나가는 방식으로 발렌베리 제국을 만들어 나갔다. 은행산업에서 승부를 걸겠다는 목표를 향해 철저하게 준비하고 노력했기 때문에 발렌베리 가문이 세계적인 가문이 될 수 있었던 것이다.

목표를 향해 항상 준비하는 삶을 살고 있으면 언젠가는 기회가 찾아오고, 쟁취할 수 있게 된다. 준비하면서 기회를 기다리는 사람과 마냥 나무 밑에서 열매가 떨어지기를 기다리는 사람 사이에는 큰 차이가 있는 법이다. 발렌베리 가문이 세계 최대의 통신회사인 에릭슨Ericsson을 인수한 것이 대표적인 사례다.

세계 휴대전화 통화의 40%가 에릭슨이 공급한 장비에 의해 이루어진다. 에릭슨은 스웨덴 총 수출액의 20%를 담당하기도 했고, 스웨덴 주식시장에서 시가총액 1위를 기록했을 정도로 스웨덴 국민들의 사랑을 한 몸에 받았다. 1896년 고종황제를 위해 조선에 처음으로 전화기를 설치한 것도 에릭슨이었다. 에릭슨은 1876년 기계기술자인 라르스 마그누스 에릭슨이 스톡홀름에 전신기 수리점포를 열면서 탄생했다. 하지만 '성냥왕'이라는 별명을 가진 발명가 이바르 크뢰거가 성냥사업으로 벌어들인 막대한 돈으로 1930년 에릭슨을 인수하고 말았다. 에릭슨의 기업 가치를 간파한 발렌베리 가문도 에릭슨을 사들이기 위해 계속 기회를 엿보고 있었다. 그리고 에릭슨에 대한 관심을 겉으로는 나타내지 않으면서 인수에 필요한 자금을 모아 나갔다.

무리하게 사업을 확장했던 크뢰거는 결국 1929년 대공황의 직격탄을 맞고 벼랑 끝으로 내몰리게 된다. 다급해진 크뢰거는 에릭슨의 최대 라이벌이었던 미국의 ITT를 찾아가 자신이 보유하고 있던 에릭슨 지분을 팔아치운다. 에릭스의 경영권이 미국 기업으로 넘어간 것이다. 에릭슨을 수중에 넣기 위해 30년간 절치부심하던 발렌베리 가문은 결국 1959년 미국 ITT로부터 에릭슨 지분을 사들여 에릭슨을 손에 넣게 된다. 시간은 걸렸지만 목표를 향해 꾸준하게 노력해온 결과였다. 우리가 가진 열정과 의지의 크기에 따라 목표는 단지 꿈에 불과할 수도 있고, 현실이 될 수도 있는 것이다.

여러분은 내일, 1년, 아니 10년 후 여러분 자신의 미래를 위해 어떠한 준비를 하고 있는가. 오늘 얼마큼의 땀방울을 흘렸는가. '성공은 준비하는 자에게만 미소를 짓는다'는 단순한 진리를 간과해서는 안된다.

8. 배움을 포기하는
순간 늙는다

배움
Learning

/ 버핏 회장의 여비서 '내가 배운 것은?' /

버핏 회장의 부자되는 노하우와 성공이야기는 버핏 회장의 개인 여비서를 통해서도 알 수 있었다. 나는 버핏 회장의 개인 여비서 임효진씨를 만난 적이 있다. 언론과 회사홍보 업무를 맡고 있었던 그녀의 미국이름은 마거릿 인이었다.

"제가 버핏 회장을 가장 가까운 거리에서 모실 수 있게 된 것은 제 인생의 가장 큰 축복이에요. 그에게서 너무나 많은 소중한 교훈과 가르침을 배워요. 그는 제 인생의 멘토라고 할 수 있어요."

깡마른 몸매의 임 씨가 환하게 웃으며 말했다.

"무엇보다 버핏 회장은 검소하고 알뜰해요. 돈 좀 있다는 갑부들과달리 집도, 차도 그저 그런 수준이에요. 저는 회사에서 이면지를 쓰고 재활용품을 사용하고 좀처럼 회사물건을 버리는 일이 없는데, 이는 모두 버핏 회장에게서 배운 거랍니다. 그와 같이 있으면 생활습관이 바뀌게 됩니다."

임 씨는 버핏 회장의 절약하는 정신을 무엇보다 강조했다.

"오마하의 키위 플라자Kiewit Plaza에 있는 버크셔 해서웨이 본사에는 저를 포함해 20명가량의 직원이 있답니다. 이 중 개인비서는 3명 있어요. 버핏 회장은 저와 동료들에게 기회가 있을 때마다 '어떻게 하면 잘 살 수 있을지를 고민하고, 당신들이 하는 일을 사랑하라how to live well and love what you do' 고 말씀해요. 그만큼 정열적으로 생각하고 생활하라는 가르침이지요. 또 버핏 회장은 다른 사람을 먼저 사랑하고 그가 다시 나를 사랑한다면 성공한 인생이 아니겠느냐고 말씀한답니다."

이는 버핏 회장의 경영원칙과 삶의 철학을 들여다보면 금방 확인할 수 있어요. 사회로부터 얻은 재산은 다시 사회로 돌아가야 한다는 '기업 박애주의' 정신을 강조하며, 버핏 회장은 마이크로소프트MS의 빌 게이츠 재단에 개인 재산의 85%에 해당하는 37조 원370억 달러을 기부했지요."

임 씨는 버핏 회장을 만나 대화를 나눈 사람들은 금방 '버핏 예찬론자' 가 된다고 말했다.

"버핏 회장은 버크셔 해서웨이 주주들을 가족이라고 생각합니다. 주주들이 없다면 버크셔 해서웨이는 존재가치가 없다는 것이죠. 버크셔 해서웨이 주주들이 다른 회사 주주들보다 더 큰 기쁨을 얻기를 바라며, 버크셔 해서웨이 회사에 투자해 얻은 수익률이 다른 주주들보다 높기를 바랍니다. 버핏 회장은 주주들에게 높은 수익과 대가를 돌려주는 것을 주주에 대한 책임이라고 생각하지요."

임 씨의 버핏 회장 예찬은 계속 이어졌다.

"버핏 회장은 고령임에도 불구하고 정열적으로 일을 해요. 좀처럼 쉬는 법이 없어요. 항상 아침 일찍 회사에 나와 신문과 기업보고서를 검토하지요. 힘든 일이 있을 때에도 언제나 웃고 유머와 재치로 대화를 풀어 나갑니다. 가까운 거리에서 버핏 회장을 지켜보면서 인생을 어떻게 살아가야 할지 알게 되었어요."

임 씨가 웃으면서 그녀 자신이 버핏 회장의 '신도'가 되고 말았다고 말했다.

많은 것을 버핏 회장에게서 배우지만 마가렛 임이 버핏 회장에게 가르쳐 주는 것도 있다. 버핏 회장이 시간 있을 때마다 연주하는 하와이 현악기인 '유클렐리'를 튜닝하는 것이 임 씨의 중요한 임무 중 하나였다.

버핏 회장은 주주총회가 열릴 때마다 시골풍의 컨트리 음악에 맞추어 유클렐리를 완벽하게 연주하는 모습을 주주들에게 보여주기도 한다. 임 씨에게서 배우고 닦은 실력을 유감없이 발휘하는 멋진 공연이다.

임 씨는 명문 줄리아드 음대를 졸업한 첼리스트 출신이고, 어머니가 북한 탈북자 출신이라는 독특한 이력을 갖고 있다. 임 씨가 나에게 얘기해 준 가족 이야기는 이러했다. 맨주먹으로 부와 성공을 거머쥔 자수성가 스토리이기에 여러분에게 소개하고자 한다.

임 씨 부모는 모두 한국전쟁이 일어나기 전에 미국으로 이민을 왔고, 미국에서 부부의 인연을 맺었다. 슬하에 임 씨를 포함해 세 딸을 두었다.

그녀의 아버지는 시카고의 노스웨스턴 대학을 졸업한 내과 의사이고, 어머니는 북한에서 남하한 뒤 미국으로 건너온 탈북자로 캘리포니아의 밀스 칼리지에서 피아노와 현대무용을 전공한 예술가라고 한다.

음악에 조예가 깊은 어머니의 영향으로 세 딸 모두 줄리아드 음대를 졸업할 정도로 음악적 재능이 뛰어났으며, 힘든 이민생활 속에서도 미국 땅에 탄탄하게 터전을 잡았다.

줄리아드 음대 졸업 후, 뉴욕에서 전업 연주자 생활을 했던 임 씨는 1982년 고향으로 돌아와 오마하 심포니의 연주자로 일했다. 이후 버핏 회장의 큰아들인 하워드 버핏의 카운티 커미셔너county commissioner 선거운동을 도와주면서 버핏 가문과 인연을 맺었으며, 하워드가 선거에 당선되면서 15년 동안 공무원 생활을 했다.

그리고 2004년 임 씨의 재능과 자질을 눈여겨본 버핏 회장과 개인 비서들이 버크셔 해서웨이에서 같이 일해 볼 것을 임 씨에게 제안했고, 그녀는 이를 받아들여 버크셔 해서웨이 가족의 일원이 되었다. 임 씨는 "돈이 많아서가 아니라 마음이 넓어서 부자인 버핏 회장과 함께 일할 수 있게 된 것이 내 인생에서 가장 큰 즐거움입니다"라고 강조했다. 임 씨는 버핏 회장의 여비서이기 이전에 버핏 회장의 추종자였다.

나는 뉴욕 맨해튼에서 버핏 회장의 또 다른 추종자를 만났다. 그는 가끔씩 한국에 있는 나에게 이메일을 보내며 소식을 전해주고 있다.

세계 금융의 중심지인 뉴욕 맨해튼에서 샌드위치를 팔아 연간 200억 원_{2,000만 달러}의 매출을 올리며 샌드위치 제국을 만들어가는 한국인이 있다.

맨손으로 미국으로 건너가 뉴욕 월스트리트의 백만장자로 올라선 주인공은 '레니스_{Lenny's}' 라는 브랜드로 맨해튼에서 '샌드위치 왕국' 을 건설하고 있는 레니스 그룹의 레니 주 사장이다.

레니는 버핏 회장의 열렬한 신봉자이며, 주식투자로 큰돈을 번 것은 아니지만 버핏 회장의 열정과 도전정신에 큰 감동을 받아 '도전하는 삶' 을 인생의 모토로 정했다.

미국의 레스토랑 관련 신문은 물론이고 「뉴욕선」 등 지역 신문들이 레니스 샌드위치 맛의 비결과 성공요인, 자수성가해 꿈을 이룬 레니의 이야기를 집중 보도하고 있다.

2007년 무더운 여름이 끝나가던 어느 날 오후, 존 스트리트_{John Street}에 있는 레니스 매장을 방문했다. 레니와 약속이 있었기 때문이다. 길거리에는 벤치에 앉아 샌드위치를 한입 가득히 베어 먹으며 한담을 나누는 외국인들이 가득했고, 실내로 들어서니 손님들로 북적였다.

점심시간이 되면 샌드위치 하나를 먹기 위해 길게 줄을 늘어서야 하는 장사진이 연출된다. 벽에는 어느 화가가 그렸는지 모를 그림들이 걸려 있고, 직원들은 깔끔한 유니폼을 입고 있고, 실내는 환하게 인테리어가 되어 있어 마치 고급 레스토랑에 왔다는 느낌을 받는다.

레니는 자수성가로 백만장자가 된 사연과 힘들었던 애환, 레니스가 맨해튼 샌드위치 업계의 황제로 등극하기까지의 과정을 들려주었다.

레니스 매장은 지난 1989년 맨해튼의 대표적인 명물인 센트럴파크 Central Park 옆에 있는 콜럼버스 거리에 15평 규모의 작은 가게에서 출발했다.

레니가 생선가게 점원, 야채 배달원, 택시운전 등 고생하며 꼬박꼬박 모은 돈으로 어렵게 마련한 가게였다. 당시 한 달 임대료가 300~400만 원3,000~4,000달러에 달했지만 뉴요커를 상대로 돈을 벌기 위해서는 중심가에서 승부를 걸어야 한다는 생각에 비싼 렌트비를 감내하기로 했다. '호랑이를 잡기 위해서는 결국 호랑이 굴로 가야 한다' 는 생각이었다.

버핏 회장이 강조하는 것처럼 남들이 주저하는 곳에 언제나 돈은 몰린다고 판단했고, 자신의 생각이 옳다고 확신하자 과감하게 도전한 것이다.

"새벽 5시에 일어나 6시에 가게 문을 열고 하루 종일 일을 했어요. 당시 4~5시간을 자며 버텼어요. 반드시 이국 땅 맨해튼에서 성공하고야 말겠다는 희망과 의지, 그리고 당찬 꿈이 저를 지탱시켜 주었어요."

레니는 사업을 처음 할 때의 어려움을 이렇게 회상했다.

사업 초기부터 시련이 따랐다. 레니스 가게가 독특한 맛과 서비스로 이름을 날리며 손님을 모으자 주위의 경쟁업체들이 가격을 내리기 시작한 것이다.

하지만 레니스는 결국 손님들은 맛있는 샌드위치를 먹게 될 것이라는 자신감에 오히려 가격을 올리며 맞불을 놓았고, 그의 이러한 확신은 주효했다. 잠시 발길을 돌렸던 단골손님들이 '역시 레니스'를 외치며 돌아왔다.

현재 맨해튼에는 많은 한국 교포들과 한국인들이 야채와 과일, 커피 등을 파는 델리 가게를 운영하고 있으며 이러한 경쟁에 중국, 멕시코, 중동 사람들이 가세하면서 경쟁이 한층 치열해지고 있다.

지난 1900년대에는 유태인들이, 1930년대에는 이탈리아 이민자들이, 1960~1970년대에는 한국에서 건너온 이민자들이 맨해튼 경제에 활력을 불어넣고 있다. 지금은 아메리칸 드림을 꿈꾸며 건너온 다양한 인종과 민족들이 운영하는 델리 가게와 샐러드 바, 야채가게들이 즐비하게 늘어서 있다.

레니스가 가게로서 모양을 갖추어가던 1980년대에는 일식집이 선풍을 일으켰다. 레니는 깨끗한 것을 좋아하는 뉴요커들의 생활태도를 정확히 꿰뚫어 보고 주방과 조리과정이 보이는 샌드위치 가게로 바꾸었다.

작은 변화도 놓치지 않고 사업으로 연결하는 그의 예리한 비즈니스 감각이 빛을 발했다. 결국 그는 이탈리아와 유태인들의 델리 스타일에 일식집 분위기의 장점을 더해 매장을 꾸미면서 뉴요커들의 발길을 사로잡게 된다.

레니스는 현재 세계적인 관광명소인 록펠러센터, 뉴욕증권거래소NYSE, 패션의 거리 첼시 등 세계에서 가장 비싸기로 소문난 금싸라기 땅 맨해튼 주요 지역에 모두 10여 개의 직영점을 운영하고 있다.

"40평 규모의 매장을 하나 내려면 맨해튼에서는 렌트비(월세)가 매월 2,500~3,000만 원²만 5,000~3만 달러에 달해요. 모두들 우리가 샌드위치를 팔아 이만큼의 집세를 내고도 큰 이익을 낸다는 것을 알고 어리둥절해합니다."

레니가 겸연쩍게 말했다. 아침 일찍 출근하는 월스트리트 금융맨들은 레니스의 햄에그 샌드위치를 먹으며 하루를 시작하고, 점심시간이 되면 촌음을 아끼기 위해 전화주문으로 배달된 레니스 샌드위치를 즐긴다.

JP모건, 도이치뱅크 등 월가 금융회사 170여 군데가 레니스와 거래를 하고 있어 근처 회사 직원들의 점심을 책임지고 있다고 말할 수 있을 정도이다. 할리우드 영화를 통해 익히 알고 있는 톰 크루즈, 데미 무어 등 내로라하는 할리우드 스타들도 레니스 샌드위치의 맛과 분위기에 반해 자주 이곳을 찾는다.

월가 금융맨과 직장인들뿐 아니라 점심시간이 되면 레니스 매장에서는 뉴요커와 세계에서 몰려든 관광객들로 발 디딜 틈이 없을 정도로 사람들이 모여든다.

종업원들은 연신 주문을 받고 음식을 조리하고 계산을 하느라 정신이 없다. 주 5일 근무가 일반적인 미국에서 레니스는 12월 25일 크리스마스만을 제외하고 연중 가게 문을 연다. 손님들이 끊이지 않기 때문이기도 하지만 부지런함을 천성으로 타고난 레니 사장이 일을 좋아하기 때문이다.

레니스의 연간 매출은 2,000만 달러, 환산하면 200억 원에 달한다. 레니가 레니스와 별도로 운영하고 있는 스테이크 하우스, 그릴 앤 바 등을 모두 합할 경우 연간 매출액은 400억 원(4,000만 달러)을 훌쩍 넘는다. 프랑스, 이탈리아, 멕시코, 중국, 일본 등 세계 각국의 먹을거리가 즐비한 맨해튼 외식 업계에서 레니는 연간 400억 원의 매출을 일구어내며 맨해튼에 쓰러지지 않는 샌드위치 제국 신화를 만들어가고 있는 것이다.

레니는 4명의 사업 파트너들과 일을 같이 한다. 사업초기부터 동고동락을 같이한 동생, 월스트리트에서 잔뼈가 굵은 투자자들과 사업을 같이 하고 있는데 회사로부터 받는 연봉만 10억 원(100만 달러)이 넘는다. 자신이 가지고 있는 회사의 주식지분을 포함할 경우 그의 재산은 상상을 초월한다.

맨주먹으로 한국에서 미국으로 건너와 백만장자 신화를 만들어내고 있는 그의 성공 스토리는 미국 주류 일간지에서도 소개될 정도로 잔잔한 감동을 일으키고 있다.

한국에서는 흔히 볼 수 있는 혈연이나 지연, 인맥을 통해 사람을 채용하기보다는 레니는 철저하게 능력과 실력 위주로 사람을 뽑는다. 직원들을 객관적으로 평가하여 실적이 좋은 직원에게는 그에 따른 보상을 준다. 버핏 회장이 직원들에게 적용하는 원칙과 똑같다.

"240여 명의 직원이 함께 일하고 있는 레니스에서는 제가 한국 사람이라고 해서 한국 사람이 더 혜택 받는 일은 전혀 없습니다. 국적에 상관없이 능력과 기술만 있다면 회사에서 승진이 되는 시스템을 만들어

놓았습니다.”

레니는 생존경쟁의 비즈니스 세계에서는 오직 실력만이 모든 것을 말한다고 강조한다.

실제 레니스 매장을 둘러보면 다양한 인종과 민족으로 구성된 종업원들을 만날 수 있는데 얼굴에는 항상 웃음이 가득하다. 그들은 샌드위치를 파는 것에 앞서 친절과 미소를 먼저 판다는 인상을 받았다. 항상 웃음과 유머로 투자자들을 대하는 버핏 회장의 모습처럼.

레니는 언제나 블루투스 등 첨단 통신장비를 가지고 다닌다. 그를 동행한 며칠 동안, 자가용 안에서건, 매장에서건, 길거리에서건, 그는 블루투스를 무의식적으로 체크하는 버릇이 있었다.

7개 매장에서 들어오는 고객 불만 사항을 블루투스에서 직접 체크한다. 서비스 사업에서 ‘고객은 황제’라는 철학을 가지고 있기 때문이다. 맨해튼에서 가장 높은 엠파이어스테이트 빌딩이 콘크리트와 망치로 세워졌다면, 레니가 쌓아 올린 레니스 왕국은 땀과 지칠 줄 모르는 도전정신이 만들어낸 결과물인 것이다.

레니는 지난 1983년, 19살 때 가족과 함께 태평양을 건너 미국에 왔다. 당시 초기 이민자들이 그러했던 것처럼 고생이 이만저만이 아니었다. 낮에는 대학에서 공부하고, 밤에는 야채운반, 생선가게 점원, 택시운전 등 하루하루를 허투루 보내지 않았다. 그는 4~5시간씩 자며 생존을 위해 싸워야 했다. 레니는 비즈니스를 하거나 창업을 꿈꾸는 사람들에게 이렇게 조언한다.

“제가 샌드위치 사업에서 작은 성공을 거둘 수 있었던 것은 전문 지식이 있었기에 가능한 것이었습니다. 주위 소문을 듣고 잘된다고 해서 무턱대고 시작해서는 위험하죠. 창업을 결심할 경우 최소한 6개월 정도는 그 분야에서 밑바닥 일부터 시작해서 경험을 쌓는 것이 좋습니다. 남들이 나를 어떻게 볼까 두려워 밑바닥 경험을 회피해서는 안됩니다. 고통이 멈출 날이 오기만을 기대하지 마세요. 정작 그런 날이 오게 되면 우리는 이미 이 세상 사람이 아닐 것입니다.”

남들은 이제 여유를 가질 때도 되었다고 얘기하지만 레니는 아직은 쉴 때가 아니라고 잘라 말한다. 뉴욕에서 알아주는 백만장자 신화를 만들어냈지만, 레니는 그 흔한 골프운동도 안 한다. 시간이 없기 때문이다.

레니스는 제2의 도전을 준비하고 있다. 2011년까지 맨해튼에 25개의 직영점을 운영하고 프랜차이즈 사업을 통해 전국적인 브랜드로 성장시킨다는 계획이다. 흥망과 성쇠의 사이클이 어느 곳보다 빠른 맨해튼에서 레니스는 샌드위치 철옹성을 구축해가며 한국인으로서의 자긍심을 높이고 있다. 레니는 버핏 회장을 성공모델로 삼아 큰 성공을 거두었다. 레니는 버핏 회장과 자신의 공통점을 다음과 같이 설명한다.

1. 부자가 되려면 겁내지 말고 도전하라.

2. 처음부터 부자로 출발하는 부자는 없다. 가난을 딛고 일어서라.

3. 부지런해야 한다. 게으른 부자는 세상에 없다.

4. 젊을 때 돈을 벌어야 한다. 나이가 들수록 기회는 점점 사라진다.

5. 부자도 실력이 있어야 한다. 자기 분야에서 우뚝 서라.

6. 남들이 회피하는 분야를 파고들어라. 블루오션에 기회가 있다.

7. 정년은 점점 짧아진다. 은퇴해서도 즐길 수 있는 일을 찾아라.

세상의 많은 사람들이 버핏 회장을 통해 인생을 배우고, 삶의 원칙을 세우고, 인생의 이정표를 만들어가고 있다. 레니도 그렇고 임 씨도 그러했다.

여러분은 버핏 회장을 통해 어떠한 교훈을 배웠으며 어떠한 영감을 얻었는가. 어제의 나와는 다른 내일의 삶을 살아야겠다는 마음이 생기지 않는가. 버핏 회장이 우리에게 보여주려고 하는 것이 바로 이것일 것이다.

Chapter 2

Win

;자신을 이겨야 남을 이길 수 있다

1. 모자는 빨리 벗되
지갑은 천천히 열어라

절약
Saving

뉴욕 특파원으로 활동하면서 나는 워렌 버핏 회장을 만나 인터뷰를 몇 차례 했다. 세계 최고의 부와 명예를 가진 인물을 직접 만나 그의 인생철학과 경영원칙을 들어보는 것은 나에게 큰 기쁨이자 즐거움이었다.

버핏 회장이 경영히는 버크셔 해서웨이의 주주총회에 참석했을 때의 일이다. 버크셔 해서웨이 주주들이 3만 명 이상 모였다. 버크셔 해서웨이의 주식가격은 1주당 우리 돈으로 1억 원가량 한다. 한국을 대표하는 삼성전자의 주식가격이 한 주당 70만 원대인 것을 감안하면 버크셔 해서웨이 주식이 얼마나 비싼지 알 수 있다.

버크셔 해서웨이 주주총회에 참석하는 주주들은 주식을 최소 1주 이상은 가지고 있는 부자들이다. 10주만 가지고 있어도 재산은 10억 원에 달한다. 그들은 버핏 회장과 마찬가지로 갑부들이다.

"저는 버크셔 해서웨이 주식 50주를 가지고 있어요. 우리 부부는 현재 직장생활을 은퇴하고 세상 여기저기를 여행하면서 시간을 보내고 있어요. 여기 모인 버크셔 해서웨이 주주들은 모두 부자라는 동료의식을 가지고 있다는 것을 많이 느낍니다."

미국 동부의 남단 플로리다에서 비행기로 4시간을 날아왔다는 제임스 할아버지가 아내의 손을 꼭 잡고 나에게 말했다. 70세를 훌쩍 넘긴 제임스 할아버지는 할머니와 함께 세계 일주 하는 것이 삶의 기쁨이자 즐거움이라고 자랑스럽게 말했다.

"젊은이, 오늘 주주총회가 끝나면 주주들을 위한 조촐한 파티가 있을 거예요. 나는 매년 여기에 오기 때문에 행사 일정을 잘 알고 있어요. 세계적인 부자들이 어떻게 생각하고 행동하는지 알고 싶다면 꼭 파티장에 가보기를 권해요. 나도 오늘 저녁에 파티장에 갈 거예요."

나는 제임스 할아버지에게 좋은 정보를 알려줘 고맙다는 인사를 건넸다.

주주총회가 끝나고 행사장에서 차로 20분가량 떨어진 곳에서 주주들을 위한 파티가 조촐하게 열렸다. 시계바늘은 저녁 6시를 넘어가고 있었고, 사방에는 어둠이 조금씩 찾아오기 시작했다.

제임스 할아버지의 조언도 있고, 개인적으로 세계에서 몰려든 부자들은 어떻게 생활하는지 궁금하기도 해서 파티에 참석했다.

파티장 주변에 들어서자 200m는 족히 넘을 정도로 사람들이 긴 줄을 서 있었다. 그야말로 장사진을 이룬 긴 줄 사이에 제임스 할아버지가 할머니와 함께 서 있는 것이 눈에 띄었다. 나는 할아버지에게 물었다.

"날씨도 추운데 왜 사람들이 이렇게 긴 줄을 서 있는 거예요?"

"여기 있는 사람들은 모두 버크셔 해서웨이의 주주들이에요. 부자들이란 말이지요. 버크셔 해서웨이 주주들을 위해 햄버거를 2달러에 팔고 있는데, 여기 있는 사람들은 2달러로 저녁식사를 해결하려고 줄을 서있는 사람들입니다. 다른 식당에 가면 햄버거가 8달러를 넘는데 여기서는 2달러밖에 안 하거든요."

"그럼, 햄버거 하나 먹으려고 30분 이상 줄을 선다는 겁니까?"

"물론 버크셔 해서웨이 주주총회에 찾아왔다는 상징적인 의미가 있기 때문에 애써 햄버거를 먹으려는 점도 있을 거예요. 하지만 이들은 남부럽지 않은 부자들이지만 쓸데없는 데는 작은 돈도 허투루 낭비하지 않아요. 자세히 보세요. 부모들이 어린 자녀를 함께 데리고 온 것을 알 수 있을 거예요. 이들 부모는 자녀들에게 어떻게 돈을 써야 하는지 산교육을 시키고 있다고 보면 됩니다."

나는 세계에서 몰려든 부자들이 2,000원짜리 햄버거 하나 먹으려고 찬바람을 맞아가면서 30분 이상 긴 줄을 기다리는 것을 보고 혀를 내둘렀다. 나도 햄버거를 먹어 보려고 줄을 섰지만 주위도 어둑어둑해지고, 날씨도 춥고 해서 약간 떨어진 레스토랑으로 발걸음을 옮기고 말았다.

레스토랑으로 향하는 도중 몇 번이나 뒤를 돌아다보니 차례를 기다리는 줄은 더욱 길어져 있었다.

"과연 워렌 버핏의 후예들이구만."

레스토랑으로 향하면서 나는 혼잣말로 중얼거렸다.

진정한 부자는 돈을 꼭 써야 할 때 아끼지 않고 사용하지만, 돈을 아낄 수 있을 때에는 10원도 낭비하지 않는다는 것을 버핏의 추종자들을 통해 확인할 수 있었다. 작은 돈을 아껴야 큰돈을 벌 수 있다는 것을 부자들은 알고 있는 것이다. 버핏 회장도 그렇고, 버크셔 해서웨이 주주들도 그러했다. 버핏 회장과 그의 추종자들은 인생에서 패배하지 않고 승리하는 삶을 살기 위해서는 무엇보다 절약하는 정신을 바탕에 깔고 있어야 한다는 것을 보여주었다.

절약을 통해 승리하는 삶의 모범을 보여준 사람으로 故정주영 현대그룹 회장을 빼놓을 수 없다. 세상 사람들은 그를 '왕회장'으로 불렀다.

정주영 회장은 일제 식민시대인 1915년 강원도 통천에서 태어났다. 할아버지는 서당에서 동네 아이들에게 한자를 가르치던 훈장이었는데 벌이가 마땅치 않아 집안 살림은 늘 궁핍했다. 여섯 형제의 맏이인 그의 아버지가 장남으로 가계를 책임져야 하는 형편이었다.

"나는 아버지를 보고 자라면서 많은 것을 배웠다. 아버지는 나에게 멘토와 같은 존재였다. 아버지는 땅을 일구는 농군이었다. 잠자는 시간만 빼고 일했다. 아버지의 뭉툭한 손을 보면서 나는 노동과 땀이 얼마나 소중한 가치를 가지는 것인지 깨달았다. 아버지 형제분들이 혼인을 할 때는 평생을 가꾸어온 농토를 떼어 주시면서 경제적으로 도움을 주었다. 장남으로서의 책임감이 얼마나 중요한지 몸소 나에게 일깨워 주었다."

정 회장이 살아생전에 하셨던 말씀이다.

"부자가 되기 위해서는 절약해야 된다. 나의 절약하는 습관은 어머니께 배운 것이다. 옛날에는 인조비료가 없어 밭농사에 인분人糞이 최고의 거름이었다. 나와 형제들은 친구들 집에서 놀다가도 대소변이 마려우면 반드시 우리 집으로 돌아와 볼일을 봤다. 어머니는 마을에서 놀고 있는 아이들에게 눈깔사탕 하나씩을 주며 우리 집에서 볼일을 보도록 했다. 거름으로 쓰려고."

정 회장이 사람들에게 자주 소개했던 일화이다. 가난했던 어린 시절 어머니를 통해 뼈저리게 배운 절약정신이 그가 한국 최고의 부자가 될 수 있었던 밑거름이 되었던 것이다. 워렌 버핏 회장과 정주영 회장은 두 가지 면에서 닮았다. 뿔테 안경을 썼다는 점과 허투루 돈을 낭비하지 않았다는 점!

/ 라테 밀리어네어가 되라 /

혹시 '라테 밀리어네어' 라는 말을 들어본 적이 있는가? 나는 뉴욕 퀸즈Queens의 롱아일랜드시티Long Island City에 위치한 사무실에서 「서울경제신문」 뉴욕특파원으로 3년 4개월 동안 일을 했다. 이 동네에는 점심시간이 되면 유난히 손님들로 북적거리는 곳이 있는데, 큰 도로변에 위치한 던킨 도넛과 바로 옆에 있는 로또복권 판매점이 그곳이다.

점심식사를 끝낸 직장인들이 입가심을 하기 위해 던킨 도넛에 우르르 몰려든다. 여름에는 냉커피, 겨울에는 따뜻한 라테커피가 단연 인기다. 여기에 도넛 하나도 보태진다. 이래저래 4~5달러, 우리 돈으로 5,000원이 지갑에서 나간다. 직장인들은 점심식사를 끝내고 사무실로 다시 돌아가는 길에 복권 판매점에 들러 메가밀리언 복권 3장을 3달러에 산다. 또 담배를 피우는 직장인이라면 말보로 담배를 7달러에 산다. 미국은 담뱃값이 비싸다. 한국에서는 2,500원가량 하지만 뉴욕의 경우 7,000~8,000원 가량 한다.

어림잡아 계산해 보니 14달러가 짧은 점심시간에 직장인들의 주머니에서 빠져 나간다.

미국은 간식의 천국이다. 점심시간에 뉴욕 맨해튼에 나가면 커피체인점인 스타벅스와 이탈리아 피자체인점인 스바루, 던킨 도넛, 버거킹, 서브웨이 등은 사람들로 장사진을 이룬다. 미국을 '뚱뚱보 사람들의 나라' 라고 부르는 데는 다 그만한 이유가 있다.

스타벅스가 미국인의 기호식품인 커피 가격을 지속적으로 올리며 비싼 가격에 팔고 있지만, 손님들은 가격에 아랑곳하지 않고 기꺼이 지갑을 연다.

미국은 또 복권의 천국이다. 미국에서는 고속도로를 하이웨이Highway라고 부르는데 고속도로를 달리다 보면 로또 당첨금이 8,000만 달러800억 원라는 광고를 쉽게 볼 수 있고, 대형 상업건물의 전광판에는 복권구매를 권유하는 광고물이 덕지덕지 붙어 있다.

매주 수천만 달러의 당첨금이 걸려 있는 뉴욕의 메가밀리언 복권은 한국의 복권시스템과 비슷하다. 자기가 번호를 선택할 수도 있고, 기계가 자동적으로 번호를 찍어내는 것도 있다. 6개의 숫자를 모두 맞춰야 한다. 이외에 뉴욕은 다양한 형태의 복권을 판매하고 있으며, 일간 신문들은 매주 5~6개나 되는 서로 다른 복권 당첨번호를 싣고 있다.

내 집 갖는 것이 꿈인 서민들은 주택 로또에 열을 올린다. 최근에는 150~200달러를 투자해 100만 달러대의 근사한 주택을 장만할 수 있는 로또가 인기를 끌고 있다.

하지만 자세히 살펴보면 복권을 사는 사람들은 대부분 서민들이다. 부자들이 복권을 구매하는 경우는 흔치 않다. 돈이 많아 복권을 살 필요가 없어서인지, 아니면 부자들은 쓸데없는 데 돈을 낭비하지 않아서 그런지 알 수 없지만 복권의 주요 수요층은 일반 서민들이다.

뉴욕의 일반 사람들은 커피 한 잔에, 복권 한 장에, 담배 한 갑에 무의식적으로 돈을 쓴다. 이는 한국도 마찬가지다. 강남의 사무실 밀집지역이나 여의도 금융가를 돌아보면 점심식사를 끝내고 스타벅스 커피점으로 향하거나, 담배 가게로 향하는 직장인들을 쉽게 찾아볼 수 있다. 커피 한 잔 가격이 점심식사 가격보다도 비싼데도 말이다.

세계 금융의 중심지인 뉴욕 월가에서 '투자의 귀재'라고 불리는 데이비드 바크는 강연회나 TV프로그램에서 "쓸데없는 곳에 돈을 쓰지 않는 것이 부자 되는 첩경"이라고 강조한다.

그는 '라테 밀리어네어'가 되라고 주문한다. 불필요한 커피 한 잔 안 마시고 돈을 저축하면 나중에 큰돈을 벌 수 있다는 것이다.

스타벅스에서 가장 많이 팔리는 '커피 라테Latte'에 빗대어 지어낸 말이다. 앞에서도 언급한 것처럼 직장인 중 많은 사람들이 스타벅스에 들러 라테 커피 한 잔쯤은 마시며 이것저것 군것질을 더해 하루 1만 원은 족히 소비한다.

담배와 복권 사는 비용을 포함하면 금액은 더 늘어난다. 데이비드 바크는 쓰지 않아도 되는 돈 10달러를 한 해 동안 아끼면 2,000달러를 모을 수 있고, 22살의 직장인이 11% 이자로 이 돈을 저축한다면 은퇴할 무렵에는 200만 달러의 부자가 될 수 있다고 말한다.

미국 뉴욕에는 다양한 부류의 밀리어네어Millionaire가 있다. 휴렛패커드HP, 마이크로소프트MS, 구글 등 대기업의 CEO가 되거나 임원이 되어 주식 스톡옵션을 받는 '옵셔네어Optionaire'가 있다. 이들은 연봉과 스톡옵션을 합해 수천만 달러의 돈을 퇴직금으로 챙긴다.

또 톡톡 뛰는 아이디어와 전문 기술로 벤처기업을 창업하고 기업을 주식시장에 공개IPO해 젊은 나이에 벼락부자가 되는 '스니커 밀리어네어'도 있다. 이들은 자유분방한 사고로 운동화(스니커)에 청바지를 입고 밤을 새워가며 연구개발에 몰두한다고 해서 이런 이름이 붙었다.

또 하룻밤 좋은 꿈으로 수천만 달러의 복권에 당첨되는 '인스턴트 밀리어네어'가 있다. 조상이 나타나 복권 당첨번호를 알려주거나 돼지꿈을 꿔서 부자가 된 케이스로 우리말로 굳이 표현하자면 '벼락부자'이다.

평범한 사람들은 '옵셔네어'가 되거나, '스니커 밀리어네어'가 되거나, '인스턴트 밀리어네어'가 될 가능성이 거의 없다. 돈을 모으겠다는 뚜렷한 목표 없이 살아가는 한 부자가 될 가능성은 희박하다.

하지만 데이비드 바크가 얘기한 '라테 밀리어네어' 부자가 될 수 있는 가능성을 열어준다. 큰 부자는 되지 못하더라도 자신이 얼마나 절약하는 삶을 사느냐에 따라 작은 부자가 될 수 있는 지름길이다.

다만 사람들은 작은 것이 모여서 큰돈이 된다는 동서고금의 진리를 외면하거나, '오늘 현실을 즐기고 보자' 라는 타성에 젖어 부자의 길을 지나쳐가고 있을 뿐이다.

메이시Macys, 백화점, 월바움Wallbaum, 식료품, 서킷시티Circuit City, 전자제품, 스테이플Staple, 사무용품, 토이저러스장난감 등 미국 매장에 들어서면 신문에서 오렸거나, 해당 회사가 보낸 쿠폰을 들고 물건을 사는 소비자들을 쉽게 찾아볼 수 있다.

뒷사람이 줄을 서 있건 없건 아랑곳하지 않고, 제대로 할인을 받았는지 일일이 계산서 항목을 챙기는 사람들을 볼 때면 짜증이 나기도 한다. 하지만 이들이야말로 '라테 밀리어네어' 의 철학을 실천하고 있는 사람들이다. '아껴야 잘 산다' 는 상식을 지키는 것이야말로 부자가 되는 지름길이라는 것을 미국 부자들은 보여주고 있다. 그들은 '돈을 지키려면 돈을 벌 때보다 열 배 이상의 노력을 기울여야 한다' 는 로스차일드 가문의 가훈을 실천하고 있는 것이다.

/ 부자가 되는 습관 /

호랑이가 담배 피던 오랜 옛날, 중국 태행산과 왕옥산 사이에 90세 노인 우공愚公이 살고 있었다. 늘 큰 산이 집 앞을 가로막아 먼 길을 돌아다녀야 하는 불편을 느낀 그는 자식들과 의논해 두 산을 깎아 곧은길을 내고 흙은 삽으로 퍼서 바다에 버리기로 했다. 산을 깎는 것도 힘든 일이지만 바다까지 왕복하는 데도 오랜 시간이 걸렸다.

이를 옆에서 지켜본 옆집의 지수라는 사람이 "죽을 날도 얼마 남지 않은 노인이 괜한 고생을 사서 한다"며 우공을 비웃었다.

"비록 내가 죽어도 자식이 있으니 자식이 손자를 낳고 손자가 또 자식을 낳으면 자자손손 끝이 없으나, 산은 더 이상 높아지지 않으니 어찌 어려운 일이라고 할 수 있겠소."

뚝뚝 떨어지는 땀방울을 손으로 닦으며 우공이 말했다.

지수는 이해할 수 없다는 표정을 지었다. 그런데 우공 노인의 말을 들은 산신령은 정말로 산이 없어질까 두려워 하늘에 있는 옥황상제에게 이 같은 사실을 아뢰었다. 옥황상제는 한바탕 껄껄 웃더니 우공의 노력과 의지에 감탄해 산을 다른 곳으로 옮겨 주었다고 한다. '우공이산愚公移山'이야기다.

아무리 힘든 일이라도 의지를 가지고 끈기 있게 노력하면 결국에는 이루어낼 수 있다는 얘기이다. 부자가 되는 과정도 똑같다. 별안간 하늘에서 돈뭉치가 떨어지거나 로또 복권에 당첨되는 것은 거의 불가능하다. 익지도 않은 감이 나무에서 떨어지기를 기다리며 입을 벌리고 있는 것과 마찬가지이다. 100원짜리 동전이 모여 1,000원짜리 지폐가 되고, 1만 원 지폐가 모여 10만 원 수표가 되고, 100만 원이 모여서 1,000만 원이 된다. 100원짜리 동전을 업신여기는 사람은 결코 큰 부자가 될 수 없다. 부자가 되더라도 돈을 아끼는 습관이 몸에 배어 있지 않기 때문에 곧 가난뱅이로 되돌아오게 된다.

세계 최고의 부자인 버핏 회장이 10년 이상 중고차를 직접 몰고 다니는 것이나, 버크셔 해서웨이 주주들이 30분 이상 기다려 2,000원짜리 햄버거 하나를 먹는 것처럼 그들은 쓸데없는 데는 돈을 쓰지 않는 사람들이다.

"가지고 싶은 것은 사지 마라. 꼭 필요한 것만 사라. 작은 지출을 삼가라. 작은 구멍이 거대한 배를 침몰시킨다."

미국 건국의 아버지로 불리는 벤저민 프랭클린의 말이다.

2. 금화가 소리를 내면
음악보다 더 감동적일 수 있다

검소
Frugality

/ 세들어 사는 버크셔 해서웨이 /

주주총회에 3만 명 이상의 주주가 몰려들 정도로 세계적인 명성을 얻고 있는 버크셔 해서웨이 본사는 오마하의 파남스트리트Farnam street 키위빌딩에 있다. 키위빌딩은 15층이나 되는 고층건물이지만 버크셔 해서웨이 본사임을 나타내는 간판이나 로고는 전혀 찾을 수 없다. 왜냐하면 이 빌딩은 버핏 회장의 건물이 아니라 키위라는 부자가 주인이기 때문이다.

밤이면 반짝반짝 빛나는 네온사인 간판도 없고, 회사 이름이 새겨진 나무 간판 하나도 없다. '여기가 정말 세계 최고의 투자회사가 맞나?' 하는 의구심이 들 정도이다.

버크셔 해서웨이는 전체 키위빌딩 중 14층 한 개 층만 사용한다. 전 세계에 76개의 투자 자회사를 가지고 있고, 매년 13조 원[132억 달러] 이상의 이익을 내는 버크셔 해서웨이가 단 한 개 층만 사용하고 있다는 사실을 아는 사람은 그리 많지 않다. 아니, 15층 전체를 다 사용해도 부족할 것 같은데 버핏 회장은 한 층이면 충분하다고 말한다. 버크셔 해서웨이 직원은 다음과 같이 말한다.

"버크셔 해서웨이 본사에서 일하는 직원은 버핏 회장을 포함해 20명 가량이다. 20명을 수용할 수 있는 공간이면 충분한데 굳이 빌딩을 살 필요가 없다. 버핏 회장은 쓸데없는 데는 돈을 절대로 낭비하지 않는다."

버핏 회장의 검소하고 절약하는 생활습관은 버핏 회장이 즐겨 찾는 고라츠[Gorat's] 음식점에서도 확인할 수 있다. 내가 방문한 고라츠 음식점은 스테이크 하우스로 서민적인 분위기가 물씬 풍기는 보통 식당이었다. 점심 한 끼에 몇 십만 원을 지불해야 하는 고급호텔과는 거리가 멀었다.

"버핏 회장은 2주일에 한번 정도는 고라츠 식당에 와서 식사를 한다. 오마하의 보통 사람들과 똑같은 것을 먹고, 똑같은 대접을 받는다. 버핏 회장은 햄버거의 인종인 '핫 로스트 비프[Hot Roast Beef]'를 즐겨 드시는데 가격은 6,000원[6달러] 정도이다."

고라츠에서 일하는 직원의 설명이다.

그럼, 세계 최고 부자인 워렌 버핏은 과연 어떤 집에서 살고 있을까. 수풀이 우거진 중세 유럽풍의 고성[古城]에서 살까, 아니면 집 한 채에 5,000만 달러[500억 원]가 넘는 맨해튼의 고급 아파트에서 살까.

나는 미국 중서부 네브래스카 주의 오마하에 있는 워렌 버핏 회장의 집을 방문한 적이 있다. 막연한 호기심도 있었지만 으리으리한 대궐같은 집을 보는 것만으로도 좋은 구경거리가 될 듯 싶었기 때문이다.

아침 일찍 일어나 투숙하고 있는 호텔에서 콜택시를 불렀다. 시계를 들여다보니 새벽 5시 30분을 약간 넘은 시간이었다. 호텔 로비에서 미국의 작은 시골동네에서 느낄 수 있는 고요한 적막감을 만끽하고 있는데 저 멀리서 새벽어둠을 가르고 노란 콜택시가 달려왔다.

"여기에 적힌 주소로 좀 가주시겠습니까?"

내가 택시기사에게 물었다.

"알겠습니다. 그런데 여기에 적힌 동네는 워렌 버핏 회장이 사는 곳인데, 그리로 가려고 하나요?"

"예, 버핏 회장 집을 한번 구경하려고요."

"아, 그렇군요. 외국 손님들이 버핏 회장 집을 한번 보려고 택시를 많이 타지요. 바로 출발하겠습니다."

차가운 새벽 공기를 가르며 택시는 달리기 시작했다. 뉴욕의 번잡하고 바쁜 생활에 쫓기면서 살아온 나에게 시골마을 오마하가 주는 새벽의 조용함과 아늑함은 어머니 품과 같았다.

택시기사는 자기 이름을 론 레이놀스라고 소개했다. 오마하에서만 50년 이상을 산 토박이 할아버지였다. 창문 너머로 들어오는 바깥 공기를 마시며 먼 산을 바라보고 있는데 레이놀스 할아버지가 나에게 말을 건넸다.

"나는 워렌 버핏을 잘 알아요. 나도 여기에서 태어났고 버핏도 오마하에서 태어났지요. 우리 집이 버핏의 집과 그리 멀리 떨어진 곳에 있지 않아 그를 종종 보게 됩니다. 그는 친절하고 상냥하고 항상 웃음을 머금고 사는 사람이에요. 세상에 그런 사람은 없어요. 손님이 오마하에서 머무는 동안 사람들에게 버핏 회장에 대해 한번 물어 보세요. 버핏 회장을 싫다거나 마음에 안 든다고 말하는 사람이 있는지. 집 앞에 도착하면 내가 하는 말을 이해하게 될 거예요."

레이놀스 할아버지가 사투리가 짙게 묻은 영어를 구사하며 나에게 말했다.

한 15분을 달렸을까. 레이놀스 할아버지가 "거의 다 왔다"며 내리라고 한다. 아담한 집이 한눈에 들어온다. 낮은 하얀색 나무 펜스가 집을 둘러싸고 있고 초록색 잔디가 아름다운 2층집이다. 근처 다른 집과 별반 차이가 없었다. 오히려 근처에는 버핏 회장 집보다 더 멋지고 좋은 집이 많았다.

버핏 회장은 미국 중산층이 사는 전형적인 집에 살고 있었다. 갑부들의 집에서 볼 수 있는 감시키메라도 없었고 철제 정문도 없었고 문지기도 없었다.

내 허리 높이의 나무 울타리가 집과 바깥의 경계를 구분할 뿐이었다. 정문에 켜져 있는 빨간 램프만이 치장이라면 치장이라고 할까. 뒤뜰에는 빨간 레저용 차량 하나만 주차되어 있었다.

버핏 회장은 이 집을 1958년에 3만 1,000달러3,100만 원에 구입했다. 50년 이상 이 집에서 살고 있는 셈이다. 레이놀스 할아버지에게 물어 보니까

요즘 이 집은 60~70만 달러[6~7억] 가량 한다고 한다.

이 말을 들으니까 갑자기 버핏 회장의 집과 강남 부자들이 산다는 타워팰리스 빌딩이 겹쳐진다. 웬만한 강남 아파트 가격이 10억 원을 넘어서고 고급 아파트는 30억 원을 웃도는 한국의 현실과 비교해 보면 버핏 회장의 집은 초라해 보일 정도이다. 500억 달러[50조 원] 이상의 개인 재산을 가지고 있는 버핏 회장에게는 '초라한 누옥[陋屋]' 임에 틀림없었다.

"내가 운전하는 택시를 타는 외지 손님들이 오마하를 방문할 때 자주 이곳을 찾는데 그들은 이 집이 정말 버핏 회장의 집인지 몇 번이나 되묻고는 해요."

레이놀스 할아버지가 나에게 귀띔해 주었다.

10분 정도 버핏 회장의 집 주위를 서성이고 있으니까 맞은편에서 백발의 할머니가 우리 쪽으로 다가오는 것이었다.

"어제도 기자들이 카메라를 들고 와서 사진을 찍더니만 당신도 기자인가요?"

"예, 맞습니다. 저는 한국에서 왔습니다. 버핏 회장의 집을 한번 보고 싶어서 아침 일찍 왔습니다."

"달리 볼 것이 없어요. 우리 동네의 여느 집들과 차이가 없어요. 오히려 버핏 회장 집보다 더 멋지고 화려하고 아름다운 집들이 더 많답니다."

"정말 그러네요."

"버핏 회장은 동네 사람들을 만나면 먼저 인사를 건넬 정도로 친근하고 포근한 마음을 가지고 있어요. 부자라고 어깨에 힘이 들어가거나 뻐기는 일은 없답니다. 그는 동네의 스테이크 하우스를 애용하고, 아이스크림 가게를 이용하고, 이발소를 찾아요. 일반 사람들과 차이가 없답니다."

백발의 할머니는 버핏 회장의 집 근처에 사는 것이 큰 기쁨이라고 자랑이 대단했다.

/ 버핏 회장에게 없는 3가지 /

2007년 9월 초 버핏 회장의 집에 도둑이 든 사건이 있었다. 주위의 집들과 별반 차이가 없었기 때문에 좀도둑은 자신이 침입하는 집이 버핏 회장의 집이라는 것도 모르고 있었다. 도둑은 가짜 권총을 들고 얼굴에 스타킹을 뒤집어쓰고, 문 앞까지 다가와 초인종을 눌렀다. 버핏 회장 부인은 창을 통해 스타킹을 쓴 도둑의 모습을 보고 즉시 방범 벨을 눌렀다. 마을 경비원이 버핏 회장의 집으로 부리나케 달려왔고 놀란 도둑은 경비원을 가짜 권총으로 위협한 뒤 둔기로 내려치고 황급히 도망갔다. 당시 집에는 비핏 회장도 같이 있었는데 다행히 부부는 아무 피해도 입지 않았다.

도둑이 들었다는 사실보다 대문조차 없을 정도로 검소한 버핏 회장의 자택이 오히려 더 큰 화제가 되었던 웃지 못할 사건이었다.

버핏 회장은 첫 번째 아내 수전과 사별한 이후 두 번째 부인 아스트리드 멩크스 여사와 이곳에서 살고 있다. 15분 거리에 있는 버크서 해서웨이 본사까지 직접 자신이 운전해 출근한다.

"세계 최고 부자인 버핏 회장에게는 없는 것이 3가지 있답니다. 경호원이 그리 많지 않고, 운전기사가 없고, 집 관리인도 없지요. 정말 자기에게 필요한 것이 아니라면 사치라고 생각하지요. 오마하 사람들이 그를 좋아하는 이유가 아닐까요. 전혀 부자 티를 내지 않아요."

레이놀스 할아버지가 버핏 회장에게서 배운 교훈이라고 한다.

나는 버핏 회장과 만나 짧은 인터뷰를 할 기회가 있었다. 내가 먼저 말을 건넸다.

"회장님의 집은 대단히 평범하던데요."

"제가 사는데 별 어려움이 없어요. 쓸데없는 곳에 돈을 쓰면 안돼요. 자기만 만족하면 되는 거죠. 제 집은 세상에서 가장 편안하고 아름다운 집입니다."

버핏 회장이 미소를 지으며 짧게 대답했다.

택시를 타고 호텔로 돌아오는 나의 눈에 비친 버핏 회장의 집은 중세 봉건 영주의 대저택보다도 더 근사하고 위용이 있는 것처럼 느껴졌다. 그날 나는 평범한 집 한 채를 보았을 뿐이지만 '부자가 달리 왜 부자인가'에 대한 큰 가르침을 얻었다.

/ 구두쇠라는 세간의 평가가 자랑스럽다 /

여러분은 세계적인 억만장자라고 하면 어떤 생활을 할 것으로 상상하는가. 크루즈 유람선을 타고 멕시코 칸쿤 해변에서 일광욕을 즐기고, 중세 봉건영주가 살았던 대저택에서 개인 요리사를 두고 진수성찬을 즐길 것으로 생각하는가. 아니면 다이아몬드 목걸이와 프라다 목도리를 두르고 개인 비행기로 세계를 여행하는 모습을 그리는가.

물론 남들은 살아생전 꿈도 꾸지 못하는 사치스럽고 호화로운 삶을 사는 부자들이 있지만 이와 반대로 부자로 사는 것을 자랑하지 않고 검소하게 사는 부자들도 많다. 버핏 회장처럼 말이다.

세계적인 가구회사 중에 이케아라는 회사가 있다. 손님들이 직접 조립할 수 있는 가구를 만드는 회사로 한국에도 진출해 있다. 이케아를 설립한 사람은 잉그바르 캄프라드이다.

캄프라드 회장은 16살인 1943년 스웨덴에서 저가 가구회사인 이케아를 설립해 세계 최대의 소매가구 회사를 일구어냈다. 맨손으로 세계적인 억만장자가 된 자수성가형 인물이다. 세상 사람들은 캄프라드 회장을 '가구의 왕'이라고 부른다. 캄프라드 회장이 설립한 이케아는 세계 32개국에 202개의 점포와 9만 명의 직원을 거느리고 있는 다국적 기업이다.

우리가 캄프라드 회장에게서 배워야 할 점은 열정과 도전정신으로 성공과 부를 일구어냈다는 점과 그의 절약하는 성신이다.

캄프라드 회장의 재산은 280억 달러(28조 원)로 마이크로소프트의 빌 게이츠 회장, 버크셔 해서웨이의 워렌 버핏 회장, 멕시코의 산업재벌 카를로스 슬림 회장 등과 어깨를 겨룬다.

하지만 그는 팔십 평생을 살아오면서 사치를 멀리한 채 검소와 절약으로 일관하고 있다. 캄프라드 회장은 15년 된 볼보 승용차를 직접 운전하고, 사업상 비행기를 탈 때에는 이코노미 좌석을 고집한다. 쇼핑을 할 때에는 주말 할인행사가 있을 때를 기다려 동네 슈퍼마켓에서 물건을 산다.

그의 집도 버핏 회장처럼 화려하지 않고 대중적이며 값싼 이케아 가구로 장식되어 있을 뿐이다. 크리스마스와 같은 큰 행사가 있을 때에만 세 아들과 이웃들을 불러 스웨덴 고향마을에서 옛날 전통대로 만든 와인을 대접한다.

이 뿐만이 아니다. 일반 버스를 탈 때에는 경로우대권을 사용하고, 플라스틱 컵을 씻어 재활용하는가 하면 과일이나 야채를 살 때에는 가격이 내려가는 오후 시간에 구입한다.

한국 서민들의 삶과 캄프라드 회장의 삶은 별반 차이가 없다. 오히려 한국 중산층의 돈 씀씀이가 캄프라드 회장보다 많으면 많았지 적다고 할 수 없을 정도이다.

버핏 회장과 캄프라드 회장은 세계 최고 부자를 대표하는 사람들이다. 하지만 그들은 허영과 사치를 멀리하고, 평생 절약하고 검소한 생활습관을 간직하고 있다. 진정한 부자가 어떤 것인지, 부자를 꿈꾸는 사람들이 어떠한 습관과 마음가짐을 가져야 하는지 이들은 우리들에게 보여주고 있다.

캄프라드 회장은 이렇게 말한다.

"1원을 절약하면 1원을 번 것이다. 이는 당신이 억만장자라도 마찬가지이다. 사람들이 나를 인색하다고 말하지만 개의치 않는다. 구두쇠라는 세간의 평가를 자랑스럽게 생각한다."

절약하고 검소하게 생활하면 돈이 쌓인다. 예금 잔고도 늘어난다. 금화 하나가 두 냥이 되고, 열 냥이 되고, 백 냥이 된다. 저금통을 흔들면 금화가 부딪치면서 아름다운 소리를 낸다. 금화가 소리를 내면 감미로운 음악보다 더 감동적일 수 있는 있는 이유가 여기에 있다.

3. 책 속에 고래등과 같은
기와집이 숨어 있다

독서
Reading

/ 출퇴근 시간에 책을 읽어라 /

여러분은 일주일에, 아니 한 달에 몇 번 서점에 가는가. 한 달에 몇 권의 책을 읽는가. 사회생활을 하다 보면 바빠서 책 읽을 시간이 없다고 호소하는 사람들이 많다.

2010년 5월 국가 지식경쟁력을 나타내는 국민 독서량 조사에서 한국인이 최하 순위를 기록했다. 세계 30개국 13세 이상의 3만 명을 대상으로 인쇄매체 접촉시간을 조사한 결과 선진 30개국 중 한국이 가장 낮은 30위를 나타냈다. 독서시간이 가장 높은 국민은 인도인으로 주당 10.7시간이었으며 이에 반해 한국인의 독서시간은 인도인의 30%도 안되는 3.1시간에 그쳤다.

국가별 평균 독서시간이 6.5시간인 점을 감안하면 우리나라 국민들의 독서시간은 국가별 평균독서시간의 절반에도 못 미치는 것이다. 실제 우리나라 사람들의 여가활동 중 가장 적은 비중을 차지하는 것이 바로 '독서'다. 문화관광부 조사에 따르면 성인의 여가생활에서 가장 큰 비중을 차지하는 것은 'TV시청'으로 25.7%를 차지했다. 그 다음으로는 '인터넷 및 웹브라우징(8.7%)', '수면과 휴식(8.4%)'이었으며 '독서'는 6.7%로 가장 낮았다.

국민의 독서량과 독서수준은 한 나라의 경쟁력을 가늠하는 지표일 뿐 아니라 개개인의 교양과 지적능력을 측정하는 잣대가 된다. 세계 주요 국가의 1인당 연간 평균 독서량은 미국이 6.6권으로 가장 높았고, 일본 6.1권, 프랑스 5권 등으로 나타났다. 중국의 독서량은 2.6권으로 1.3권에 머문 우리나라보다 2배나 많았다.

보통 직장인들은 지하철이나 버스를 이용해 출퇴근하는데 2시간가량 소요된다. 나도 지하철을 이용해 출퇴근하는데 신문을 보는 것도 아니고, 책을 읽는 것도 아니고 2시간 동안 지하철 안에서 멍하니 시간을 보내는 사람들을 꽤 많이 본다. 출퇴근 시간에 책을 읽어도 한 달에 2~3권은 읽을 수 있다. 미루어 보았을 때 1년이면 책 20권은 읽을 수 있다. 나의 경험으로 충분히 가능하다는 얘기이다.

뉴욕에서 3년 4개월 동안 생활하며 미국 가정을 지켜본 결과 가장 놀란 것은 사람들이 책을 가까이하고, 시간이 나면 책을 펼쳐 든다는 것이다. 여름휴가를 맞아 해변으로 여행을 갈 경우 여행 가방 속에는 1~2권의 책이 있다. 파라솔 밑에서 책을 읽는 사람들을 심심찮게 보게 된다.

그리고 선선한 바람이 부는 봄, 가을이 되면 앞뜰에 접이식 침대를 펼쳐 놓고 책을 읽으며 망중한을 보내는 사람들도 자주 보게 된다. 독서는 시간이 있어서 하는 것이 아니라 의지와 관심이 있어야 가능한 것이다.

미국, 유럽 등 선진국 사람들이 논리적으로 대화하고 다른 사람들 앞에서 자신 있게 발표하는 능력이 뛰어난 데는 독서가 밑바탕이 된 것이 아닐까.

/ 버핏 회장은 책벌레 /

버핏은 어릴 때부터 책과 신문을 좋아했다. 버핏의 친구들과 동네 사람들은 어린 버핏을 '책벌레'라고 불렀다. 버핏은 11살 때 주식투자를 시작했다. 주식 브로커였던 아버지가 보는 경제신문을 옆에서 같이 읽었으며, 자신이 모르는 경제용어나 설명이 나오면 아버지에게 묻거나 자신이 직접 책을 찾아 궁금증을 해결했다. 교과서에 나오는 틀에 박힌 지식으로는 넘치는 지적 호기심과 궁금증을 해결할 수 없었기 때문이다.

고등학교를 졸업한 버핏은 아버지의 권유와 설득으로 동부의 명문 대학인 펜실베이니아 대학의 와튼스쿨Wharton school에 입학하게 된다. 경제와 경영, 금융, 마케팅, 회계 분야에서 세계적인 명성을 얻고 있는 학교이다. 하지만 버핏은 어릴 때와 마찬가지로 학교에서 배우는 공부를 그리 좋아하지 않았다. 어릴 때부터 자신이 관심 있는 분야의 책을 수백 권이나 닥치는 대로 읽었기 때문에 학교에서 배우는 경제경영 입문서는 버핏에게 시시하기 짝이 없었다.

버핏은 대학생활을 할 때에도 학과공부에 전념하기보다는 자신이 읽고 공부한 책에서 얻은 지식을 바탕으로 주식투자에 몰두했다. 다른 친구들은 교과서를 끼고 시험공부를 한다고 야단을 떨었지만, 버핏은 증권사 객장으로 달려가 기업을 조사하고 주가추이를 살피는 일이 더 많았다. 교과서에 얽매이는 것이 아니라 자신의 관심분야와 관련된 책들을 어려서부터 꾸준히 읽어온 것이다. 버핏은 종종 친구들에게 이렇게 말했다고 한다.

"학교 교과서에서 내가 배울 것은 더 이상 없어. 내가 할 일이라고는 시험보기 전날 책을 펼쳐 놓고 내가 좋아하는 콜라를 마시는 일 뿐이야. 그렇게만 해도 100점 받을 자신이 있다고."

학창시절 버핏의 이 같은 자신감은 폭넓은 독서에 있었다고 그의 친구들은 말한다.

버크셔 해서웨이의 회장이 된 지금도 버핏은 책과 신문 읽기를 멈추지 않는다. 어릴 때의 독서습관이 몸에 배어 있기 때문이다. 그는 매일 「월스트리트저널Wall Street Journal」「파이낸셜타임스Financial Times」 등과 같은 경제신문은 물론 「워싱턴타임스Washington Times」「뉴욕타임스New York Times」 등과 같은 종합지도 꼼꼼히 읽는다.

신문을 통해 세계 경제가 어떻게 돌아가는지, 어떤 기업이 투자유망한지, 어떤 국가에 대한 투자 비중을 늘려야 할지 등 사업계획을 제대로 세울 수 있기 때문이다.

버핏 회장의 책상에는 전 세계에서 몰려든 100개 이상의 기업 리스트와 보고서가 올라와 있다. 80세의 고령임에도 불구하고 버핏 회장은 매일 아침 버크셔 해서웨이 본사에 출근해 기업 보고서를 빠짐없이 읽고 투자판단을 내린다.

"버핏 회장은 집중력이 뛰어나고 신문과 책, 보고서를 읽을 때에도 정독해서 읽습니다. 한번 읽은 내용에 대해서는 자그마한 숫자도 정확하게 기억할 정도로 명석한 두뇌를 가지고 있지요. 왜 사람들이 그를 책벌레라고 부르는지 알 수 있답니다."

버핏 회장의 개인비서가 나에게 들려준 말이다.

책과 신문을 읽지 않고 생활한다는 것은 무인도에서 외부와의 연락을 끊고 혼자서 사는 것과 다를 것이 없다. 책에는 지식이 있고 지혜의 말씀이 있고 성공과 부를 얻을 수 있는 아이디어가 모두 숨어 있다. 내가 만난 사업가 중에도 책을 읽다가 사업 아이디어를 얻어 성공한 사람들이 참 많다. 책 속에 숨겨진 보물을 발견하느냐, 그냥 지나치느냐, 이것은 독자 여러분의 선택에 달려 있다.

버핏 회장의 절친한 친구인 마이크로소프트^{MS}의 빌 게이츠 회장은 독서의 중요성을 다음과 같이 강조한다.

"오늘의 나를 만든 것은 우리 마을의 작은 도서관이었습니다. 나에게 소중한 것은 하버드대학의 졸업장보다 독서하는 습관이었습니다."

독서하는 습관이 지식과 부를 결정한다는 것을 세계 역사를 움직이는 거물들이 힘주어 말하고 있다. 이 글을 읽는 독자들 중에는 부모들도 있고, 청소년도 있을 것이다.

만약 자녀가 있다면 오늘 당장 아이들의 손을 잡고 서점으로 달려가기 바란다. 그리고 아이들이 꿈을 발견하고 삶의 지혜를 얻을 수 있도록 눈높이에 맞는 책을 골라 주어라. 책을 읽어가면서 작은 꿈을 더욱 크게 키워갈 수 있도록 옆에서 도와주어야 한다.

만약 청소년이라면 부모님께 종합지 신문이나 어린이 신문을 보고 싶다고 부탁하라. 아니면 서점에 가서 꿈과 희망을 주는 책을 한 권 골라 보라. 동서고금의 많은 지도자와 부자들도 책 한 권으로 인해 인생이 바뀐 경우가 많이 있다.

신문을 한 달 동안 구독해 봐야 1만 원 안팎이다. 서점의 책 한 권 가격도 1만~1만 5,000원 사이이다. 자녀들이 신문을 읽고 책을 산다고 하는데 돈을 아끼는 부모들은 거의 없을 것이다. 대학 졸업장보다 독서하는 습관이 더욱 소중하다고 강조한 빌 게이츠 회장의 충고를 곰곰이 되씹어 보기 바란다.

/ 버핏 회장에게서 많은 것을 배우는 빌 게이츠 /

버핏 회장과 마이크로소프트의 빌 게이츠 회장은 오랜 친구지기이다. 버핏 회장이 1930년, 빌 게이츠 회장이 1955년에 태어났으니까 버핏 회장과는 25살이나 나이 차이가 난다. 하지만 그 차이를 뛰어넘어 격의 없이, 허심탄회하게 지내는 두 사람을 보고 세상 사람들은 그들을 그냥 '친구'라고 부른다.

과연 이들은 언제, 어떻게 만나 친구가 된 것일까? 워렌 버핏과 빌 게이츠 회장은 지난 1991년 처음 만난 이후 29년 동안 친구 사이로 지내고 있다. 빌 게이츠는 36세 때 어머니의 권유로 버핏과 「워싱턴 포스트」의 발행인 캐서린 그레이엄 여사가 모두 참석한 모임에 나가게 된다. 빌 게이츠의 어머니는 아들이 워렌 버핏과 같은 세계적인 투자가와 알고 지내면 서로에게 큰 도움이 될 것으로 생각하고, 아들과 워렌 버핏이 자연스럽게 만나도록 배려를 한 것이다. 밤을 새워가며 소프트웨어 개발에 몰두했던 빌 게이츠는 시간을 내어 워렌 버핏을 만나러 간다. 버핏 회장을 만나기 전까지만 하더라도 빌 게이츠는 버핏 회장에 대해 '돈에만 관심을 기울이는 늙은이' 정도로 생각하고 그리 호감을 가지지 않았다.

하지만 모임 행사에서 버핏과 인사를 건넨 빌 게이츠는 버핏 회장의 꾸미지 않은 수수함과 겸손함, 일에 대한 열정을 확인하고 자신의 선입견이 크게 잘못되었다는 것을 깨닫는다.

'이 분은 세계 최고의 투자가지만 자신을 내세우지 않고 겸손하구나. 양복도 허름하고, 굽이 헤어진 구두를 신고, 사람들을 편하게 대하는구나. 오히려 내가 많은 것을 배울 수 있는 분이겠구나.'

빌 게이츠는 마음속으로 이렇게 생각했다.

운명의 첫 만남 이후 버핏 회장과 빌 게이츠 회장은 단짝 친구가 되었다.

마이크로소프트의 주주총회에 버핏 회장이 초대되어 가고, 버크셔 해서웨이 주주총회에 빌 게이츠 회장이 단골손님으로 나타난다. 미국의 경제 TV프로그램을 보고 있으면 버핏 회장과 빌 게이츠 회장이 같이 출연해 자신들의 살아온 이야기와 세상 사람들에게 들려주고 싶은 이야기를 풀어 놓는다.

회사를 경영하다 어려운 문제에 부닥치면 서로 전화통화로 조언을 구하기도 하고, 시간이 나면 같이 여행을 하기도 하고, 카드놀이를 하기도 한다. 버크셔 해서웨이 주주총회에 가면 버핏 회장과 빌 게이츠 회장이 탁구 치는 장면, 카드놀이의 일종인 브리지 게임을 하는 장면, 주주들에게 자신들의 사인을 해주는 장면, 주주들과 사진을 찍는 장면 등을 쉽게 볼 수 있다. 이처럼 그들은 아무 스스럼없이 친구 사이로 지낸다.

세계 정보통신™과 컴퓨터 산업을 주도하고 있는 빌 게이츠 회장은 기회 있을 때마다 "나는 워렌 버핏 회장에게서 많은 것을 배우고 있습니다"라고 말한다. 빌 게이츠 회장에게 있어 버핏 회장은 비즈니스 파트너이자 인생 선배이자 스승과 다름이 없다. 빌 게이츠 회장은 남들 앞에 나서기를 좋아하지 않고 고집이 센 편이었지만, 낙천적이고 쾌활한 버핏 회장을 만난 이후부터 성격도 조금씩 밝아지게 되었다고 인정한 적이 있다.

컴퓨터를 제대로 다루지 못해 '컴맹'이라는 별명이 붙은 버핏 회장도 빌 게이츠 회장의 권유로 컴퓨터 한 대를 구입해 온라인 게임을 하고, 기본적인 기업 정보를 찾는 데 활용하고 있다. 무한경쟁의 사회생활 속에서 친구의 우정이 그리운 오늘날, 이들은 서로의 약점과 단점을 채워 주고 있는 것이다.

빌 게이츠 회장이 아내 멜린다와 함께 기부단체를 만들어 자선사업에 적극적으로 나서고 있는 것도 버핏 회장의 영향이 컸다. 빌 게이츠 회장은 마이크로소프트에서 은퇴하면 경영에서 손을 떼고 자선사업에 몰두할 것이라고 밝힌 바 있다.

"빌 게이츠, 시간이 되면 이 보고서 한번 읽어 보도록 해. 세계은행에서 나온 자료인데 전 세계적으로 빈곤문제가 얼마나 심각한지 알 수 있다네."

빌 게이츠는 워렌 버핏 회장으로부터 건네받은 세계은행 보고서를 읽고 재산의 사회기부에 대해 눈을 돌리게 된다.

빌 게이츠는 미국 저편에 있는 아프리카 대륙 사람들과 아이들의 참혹한 현실에 마음이 아팠다. 엄마 젖을 못 먹어 태어나자마자 죽어가는 신생아들, 하루 3시간을 걸어가야 겨우 물을 구할 수 있는 아이들, 학교에 다니는 것이 사치인 아이들, 몸에 달려드는 날파리를 힘이 없어 쫓아버리지 못하는 아이들, 멍하니 하늘만 쳐다보는 가냘픈 눈동자들.

빌 게이츠는 버핏 회장이 건네준 한 권의 책을 접하고 자선사업에 눈을 뜨게 되었다.

빌 게이츠는 워렌 버핏 회장을 다음과 같이 평가했다.

"버핏 회장은 어렵고 복잡한 문제를 해결하는 데 뛰어난 재주와 재능을 가지고 있지요. 어려운 주식투자에 대해서는 유머와 익살을 섞어가며 쉽게 설명합니다. 버핏 회장이 던지는 짧은 유머에는 깊은 의미가 숨어 있습니다. 버핏 회장을 만나서 얘기를 나눌 때마다 그에게서 무엇인가 배운다는 생각이 듭니다."

집안이 가난해 정규교육은 제대로 받지 못했지만 사회생활을 하면서 틈나는 대로 책을 읽어 지성과 교양을 갖춘 인물로 앤드류 카네기를 빼놓을 수 없다.

앤드류 카네기는 자신의 인생을 2기로 나누어 전반부에서는 부와 성공을 달성하고, 후반부에서는 축적된 부를 사회에 기부하는 삶을 살았던 인물이다. 그는 '통장에 많은 돈을 남기고 죽는 것처럼 치욕적인 인생은 없다' 는 자신의 신념을 실천하며 살았다.

카네기는 대서양을 건너 미국으로 건너온 이민자이다. 그는 1835년 스코틀랜드의 담판린 시에서 태어났다. 아버지는 직물을 짜는 수직공이었는데, 직물을 팔아 근근이 생계를 꾸려 나갈 정도로 가난했다.

카네기는 8살 때 학교에 입학했다. 하지만 아침마다 우물가로 가서 물을 길어야 하고, 어머니가 생계를 위해 꾸리고 있는 가게 일을 도와야 했기 때문에 지각이 잦았다. 다른 친구들은 수업이 끝나면 예습과 복습을 하며 열심히 공부를 했지만 카네기는 어머니 가게로 달려가 손님들 계산서를 처리하고 물건 배달을 해야 했다.

"나는 어머니께 독서하는 습관을 배웠다. 어머니는 바쁜 가게 일에도 불구하고 시간이 나면 항상 책을 빌려다 읽게 했다. 나는 자서전을 비롯해 여러 권의 책을 저술했는데 어머니를 따라 많은 책을 읽었기 때문에 글 쓰는 재주가 있지 않았나 생각한다. 가난 때문에 학교 교육은 제대로 받지 못했지만 나는 언제나 책을 가까이하며 사색을 즐겼다." 철강왕 카네기의 회고담이다.

아버지가 직물을 짜고 어머니가 작은 가게를 운영하며 아등바등 살았지만 지독한 가난의 굴레를 벗어날 수 없었다. 18세기 산업혁명과 증기기관 출현으로 기계화가 본격화되면서 자영업자들은 벼랑 끝으로 내몰리고 있었다. 카네기의 부모는 결국 조국 스코틀랜드를 떠나 미국으로 이민을 가기로 결정했다. 카네기가 13살 때의 일이었다.

"어린 나이에 정든 고향과 동네 친구들을 떠나야 했다. 열차 밖으로 비치는 경치들이 너무나 슬프게 보였다. 하지만 무엇보다 가슴이 아팠던 것은 스코틀랜드를 떠난 이후 나는 한번도 정규교육을 받지 못했다는 것이다. 학업과는 담을 쌓게 되었다.

이후 기억에 남는 것은 한때 스피치를 잘하기 위해 연설법을 가르치는 선생님에게서 화술을 배웠다는 것이다. 남을 설득하고 나의 생각을 이해시키는 기술은 인생을 살아가는 데 있어 너무나 중요한데 사람들은 이를 간과하는 경우가 많다. 비록 다른 사람들과 비교해 가방끈은 짧았지만 독서와 화술을 통해 세상을 보는 눈을 가지게 되었고, 사람들을 설득하는 방법을 터득하게 되었다. 독서와 화술, 이것이야말로 보잘 것 없는 나를 지탱해 준 가장 큰 에너지라고 생각한다."

카네기의 또 다른 회고담이다.

버핏 회장과 카네기는 독서는 상식을 넓혀 주고 지혜를 깊게 하는 자양분일 뿐 아니라 의사소통을 한층 원활하게 해주는 밑바탕이 된다는 것을 보여준다.

두 차례나 영국의 총리를 지내고 노벨문학상까지 수상한 윈스톤 처칠은 다음과 같이 말했다.

"설령 당신이 갖고 있는 책의 전부를 읽지 못한다 하더라도 어쨌든 손에 들고, 쓰다듬고, 들여다보고, 아무 데나 닥치는 대로 펴서 눈에 띄는 첫 문장부터 읽어라. 책장에 꽂아 두고 책에 무엇이 쓰여 있는지 이해하지 못할지라도 적어도 그 책이 어디에 꽂혀 있는지 알아두라. 책이 어떻게든 당신의 벗이 되도록 노력하라."

처칠이 정치가로서, 문학가로서, 2차 대전이라는 위기상황에서 놀라운 리더십을 발휘하며 세계역사에 이름을 날리는 인물이 된 원천이 무엇인지 짐작할 수 있는 대목이다.

중국 송나라 시인이자 정치가였던 왕안석王安石은 『권학문勸學文』에서 독서의 즐거움과 유용성을 다음과 같이 짧게 표현했다.

"독서를 하는 것은 비용이 들지 않고讀書不破費,

독서를 하면 만 배의 이익이 있다讀書萬倍利.

책 속에는 사람의 재능이 나타나고書顯官人才,

책 속에는 군자의 지혜가 담겨 있다書添君子智.

여유가 있거든 서재를 만들고有卽起書樓,

여유가 없으면 책궤를 만들어라無卽致書櫃."

4. 천국은 바로 지금
여기에 있다

시간관리
Time Management

/ 일분일초를 아껴라 /

"우물쭈물 살다가 내 끝내 이렇게 될 줄 알았지."

아일랜드의 희곡작가 조지 버나드 쇼^{1856~1950년}의 묘비명에 적힌 글이다. 아무리 인생을 열심히 살았어도 임종을 앞두고 삶을 되돌아보면 너무나 짧은 여행이었다는 것을 일깨우는 표현이다. 아무리 치열하게 삶을 살았어도 하늘나라로 가기 전에 삶을 되돌아보면 너무나 시간을 허비했다는 자기반성을 하게 하는 문장이다. 시간은 무한하지만 사람의 인생은 유한하다. 모든 사람은 평균 70~80년을 살고나면 이 세상과 하직해야 한다. 이것이 엄연한 현실이다. 그럼 누구에게나 종착점이 있는 인생을 어떻게 계획하고 하루하루를 살아야 할까.

성공한 삶을 사느냐, 아니면 실패한 삶을 사느냐의 여부는 시간관리를 어떻게 하느냐에 달려 있다. 시간은 모든 사람들에게 똑같이 주어져 있다. 태어나서 죽을 때까지 자신들에게 주어진 시간은 같다. 아무리 돈이 많은 부자라고 하더라도 시간을 돈으로 살 수는 없는 법이다.

시간은 만인萬人 앞에 평등한 셈이다. 하지만 시간관리를 어떻게 하느냐에 따라 삶과 미래는 180도 달라진다. 일분일초를 아끼며 시간관리를 잘한 사람은 성공한 삶을 살게 되지만, 반대로 허투루 보낸 사람은 죽음을 앞두고 자신의 인생을 후회하게 된다. 매 순간마다 잘 짜인 계획표와 시간표대로 시간을 관리하는 습관을 들여야 한다.

버핏 회장은 시간관리의 달인이다. 80세의 나이에도 불구하고 버핏 회장은 매일 아침 직접 차를 몰고 자신이 운영하는 버크셔 해서웨이 회사에 출근한다.

연세가 지긋이 든 대부분의 노인들은 버핏 회장의 나이가 되면 회사를 은퇴한 뒤 여행을 즐기거나, 소일거리로 하루를 보내는 일이 일반적이지만 버핏 회장은 매일같이 회사로 출근해 일을 한다.

버핏 회장 밑에서 근무하는 젊은 직원들조차도 혀를 내두를 정도로 그는 아침 일찍 회사에 나오는 것으로 유명하다. 젊은 시절부터 아침에 일찍 일어나 일하는 시간관리 습관이 나이가 들어서도 몸에 배어 있기 때문이다. 버핏 회장은 아침에 게으름을 피우면 오히려 몸이 아프다고 말한다.

버핏 회장이 회사에 출근해 가장 먼저 하는 일은 신문을 읽고 국제 금융시장을 분석하는 일이다. 버핏 회장이 아무리 바쁜 행사가 있거나 약속이 있어도 매일 아침 신문과 경제잡지를 꼭 읽는 것은 '정보가 곧 돈' 이라는 생각을 가지고 있기 때문이다.

주식투자는 정보가 생명이다. 고급 정보를 얻거나 국제 경제의 흐름을 잘 알고 있어야 제대로 된 투자를 해서 돈을 벌 수 있다. 정보 없이 주식투자를 하는 것은 마치 돈키호테가 말을 타고 풍차를 향해 달려가는 것만큼 어리석은 짓이다.

버핏 회장의 시간관리 수첩에 신문과 잡지 읽기가 가장 먼저 쓰여 있는 것은 당연한 일이다.

신문과 잡지 읽기가 끝나면 버핏 회장은 바로 기업들의 재무보고서와 분석 자료를 챙긴다. 재무보고서는 기업들이 얼마나 많은 돈을 벌고 수익을 올리는지를 나타내는 자료이다.

버핏 회장의 책상에는 기업보고서가 산더미처럼 쌓여 있다. 미국은 물론 아시아, 유럽, 중동, 중남미 등 전 세계에서 배달되어 온 기업들의 보고서가 버핏을 기다리고 있다. 산수와 수학, 회계에는 동물적인 감각을 가지고 있는 버핏 회장은 이들 보고서를 검토하면서 향후 투자할 기업을 선정한다. 그는 하루에만 20~30개의 보고서를 분석하고 검토한다고 한다.

젊은 분석가들도 기업 10군데 정도만 분석해도 몰려오는 피로감에 녹초가 되는데 버핏 회장은 시간관리를 철저히 하면서 젊은이들보다 많은 양의 기업보고서를 처리하는 것이다.

기업보고서 검토가 끝나면 버핏 회장은 자신이 투자한 기업들이나 앞으로 투자할 마음이 있는 기업의 CEO와 전화통화를 한다.

하루에 보통 20명 정도 된다. 기업을 경영하는 CEO가 어떠한 생각을 가지고 있고, 어떠한 비즈니스 마인드를 가지고 있는지 버핏 회장은 일일이 전화를 걸어 체크한다.

"버핏 회장은 시간관리를 철저히 합니다. 일분일초도 쓸데없이 낭비하는 경우가 없습니다. 그가 80세의 나이에도 불구하고 건강을 유지하는 것은 시간관리를 철저히 하면서 부지런히 일하고 있기 때문일 겁니다. 버핏 회장에게서 뿜어져 나오는 열정과 일에 대한 의욕은 엄격한 시간관리에 있다고 생각합니다."

버핏 회장의 일정을 관리하는 여비서의 설명이다.

시간과 세월은 누구에게나 공평하게 주어진 자본이다. 이 자본을 잘 이용한 사람에게는 부와 승리가 돌아가지만, 이 자본을 허비한 사람에게는 가난과 패배가 남는다.

역사적으로 저명한 인물들의 공통점은 시간을 귀중하게 여기고, 시간관리를 철저히 했다는 것이다.

독일을 대표하는 철학자인 에마뉘엘 칸트(1724~1804)는 매일 오후 4시에 산책을 했다. 책을 저술하고, 연구논문을 쓰고, 깊은 생각에 빠져 있다가도 오후 4시가 되면 어김없이 마을길을 산책했다. 동네 사람들이 산책을 하는 칸트를 보고 자신들의 시계를 4시에 맞추었다는 얘기는 너무나 유명하다. 칸트가 철저하게 시간관리하며 계획적으로 사용했다는 것을 보여주는 대목이다.

칸트는 어린 시절부터 선천적인 심장질환과 호흡기 장애로 자주 앓아누웠다. 그래서 칸트의 부모는 규칙적인 생활을 할 수 있도록 주의를 기울였는데, 이러한 생활습관이 성인이 되어서도 이어졌다. 칸트는 자신의 신체적인 약점을 철저한 시간관리를 통해 극복할 수 있었고, 역사의 한 페이지를 장식하는 위대한 철학자의 반열에 오를 수 있었다.

시간을 관리한다는 것은 곧 자기 자신을 관리하는 것이다. 세상에 태어나는 것은 우리 의지대로 선택하고 관리할 수 없지만 시간은 우리 의지에 따라 자유자재로 관리할 수 있다. 출생은 불공평하지만 인생을 살아가는 동안 노력 여하에 따라서는 불공평한 삶을 충분히 이겨내고 극복할 수 있다.

1시간은 3,600초, 하루는 8만 6,400초, 1년이면 3,153만 6,000초, 인간의 일생을 70세로 잡으면 22억 752만 초가 모든 사람들에게 똑같이 주어져 있다.

/ 시간관리 수첩 /

활시위를 떠난 화살이 돌아오지 않듯이 시간은 한번 흘러가면 영원히 다시 찾아오지 않는다. 그렇기 때문에 한정된 시간을 어떻게 관리하고 사용하는가에 따라 인간의 부와 성공이 좌우된다.

버핏 회장이나 철학자 칸트와 마찬가지로 반기문 총장도 시간관리가 철저하기로 유명하다. 반 총장은 깨알같은 글씨로 쓰인 개인수첩을 항상 양복 안주머니에 넣고 다닌다. 반 총장의 하루 일정은 물론 몇 개월 치 개인 스케줄이 고스란히 담겨 있다.

유엔총회 때에는 하루에만 무려 20건 이상의 일정을 소화하기도 한다. 대통령이나 총리 등 국가 원수급 인사들을 만날 때에는 20분 정도의 시간을 할애하고, 그 외에는 5~10분가량 시간을 내 사람들을 만난다. 마치 정해진 시간표대로 운행하는 고속 전철처럼 반 총장은 매일 매일을 분 단위로 시간을 관리한다.

학창시절과 외교관 생활을 거치면서 몸에 배인 습관이 지금까지도 고스란히 남아 있는 것이다. 반 총장은 특파원 기자들을 만날 때마다 "저는 별다른 운동을 하지 않습니다. 항상 평균 체중을 유지할 수 있는 것은 언제나 바쁘게 걸어 다니고, 일을 하고, 바쁘게 생활하기 때문입니다"라고 말하곤 했다.

그는 유엔총장 취임 이후 1년 동안 58개국 120여 개 도시를 방문했다. 총탄이 오가는 분쟁지역인 이라크와 아프가니스탄을 찾았고, 아프리카 다르푸르와 레바논과 같은 위험한 지역도 마다하지 않았다.

이라크 바그다드에서는 기자회견 도중 인근에서 폭탄이 폭발하는 아찔한 순간도 있었다. 또 지구온난화의 심각성을 전 세계에 알리기 위해 남극과 안데스산맥, 아마존 밀림지역 방문도 마다하지 않았다.

"돌아보면 지난 1년간 세상에서 가장 바쁜 사람 중의 한 사람이 아니었나 하는 생각이 듭니다. 지난 1년 동안 해외에서 132일을 보냈습니다. 3일에 하루는 해외에서 보낸 셈이죠. 손으로 꼽아 보니까 58개국, 120여개 도시를 방문했습니다. 외교부 장관 시절에는 최고 18건의 일정을 소화했었는데, 2007년 9월 유엔총회 때에는 하루에만 28건의 일정을 소화하기도 했습니다."

취임 첫돌을 맞은 반 총장이 뉴욕의 한국특파원들과 만나 인터뷰를 하면서 한 말인데, 반 총장이 얼마나 시간을 소중히 여기고 시간관리에 철저했는지 알 수 있다.

반 총장은 평생을 걸쳐 철칙같이 지켰고, 지금도 고수하고 있는 시간관리 규율을 다음과 같이 설명한다.

"저는 직원들이 저에게 올리는 결재 서류를 하루 이상 넘기지 않습니다. 사무실에서 다 끝내지 못하면 집에 가져가서라도 그날 끝낼 것은 그날 마칩니다. 일하는 데는 어느 정도 단련이 돼 있다고 생각했는데 유엔에 와 보니 비교가 안될 정도로 바쁩니다. 유엔 사무총장으로 있으면서 하루 평균 4시간 30분가량을 자고, 일이 많으면 3시간 30분 자는 경우도 있습니다. 세계 각국의 특파원들과 인터뷰나 기자회견을 할 때에는 모든 나라의 이해관계가 걸려 있는 질문들이 쏟아지는데 어떤 때는 답변이 어려운 질문들도 있습니다. 늘 역사를 공부하고 전 세계에서 일어나는 일들의 배경과 백그라운드를 공부해야 합니다. 하도 세상을 많이 돌아다니다 보니 지금은 인사말 정도는 15개국 언어로 할 수 있을 정도입니다."

반 총장의 시간관리 노하우를 옆에서 지켜보고 있으면 지독하다는 생각이 들 때가 많다. 반 총장은 젊은이들 못지않은 열정과 의욕으로 하루하루를 생활하고 있다. 1분, 2분도 허투루 보내는 일이 없다. 왜냐하면 5분의 시간만 주어져도 외국 외교관을 만나 국제적인 현안이나 이슈들을 논의할 수 있기 때문이다.

돈을 잘 관리하는 기술Technology을 '재테크Tech'라고 한다면 시간을 철저히 관리하는 노하우를 '시테크'라고 한다. 반 총장이나 버핏 회장과 같이 역사상 위대한 인물들은 시간관리에 철저한 시테크의 달인들이다.

시간을 관리하지 못하는 사람은 자신의 인생을 제대로 관리할 수 없는 법이다. 시간을 관리하는 자는 승자가 되지만, 시간에 끌려 사는 자는 패자가 된다는 것을 역사는 우리들에게 보여주고 있다.

/ 가장 바쁜 사람이 가장 많은 시간을 갖는 법이다 /

미국 건국의 아버지인 벤저민 프랭클린1706~1790년은 시간관리의 중요성을 다음과 같이 말했다.

"그대는 인생을 사랑하십니까? 그렇다면 시간을 낭비하지 마세요. 왜냐하면 시간은 인생을 구성하는 재료이니까요. 똑같이 출발했는데, 세월이 지난 뒤에 되돌아보면 어떤 사람은 앞서 가고, 어떤 사람은 낙오가 되어 있습니다. 이 두 사람의 거리는 좀처럼 근접할 수 없는 것이 되어 버렸습니다. 이것은 하루하루 주어진 시간을 잘 이용했느냐, 이용하지 않고 허송세월을 보냈느냐에 달려 있는 것입니다."

결국 벤저민 프랭클린은 '가장 바쁜 사람이 가장 많은 시간을 갖는 법이다. 부지런히 노력하는 사람이 많은 부와 성공을 얻게 된다'는 메시지를 우리들에게 역설하고 있는 것이다.

누구나 시간을 헛되이 낭비하지 않으려고 애쓴다. 다이어리에 빼곡히 일정을 정리하기도 하고, 그날 일과와 다음날 일정을 일기장에 쓰기도 한다. 하지만 실생활에서 보면 의외로 시간을 허비하는 사람들이 많다. 그들은 시간이 갖는 경제적 가치를 모르는 사람들이다.

시간의 경제적 가치를 평가해 보자. 1시간을 시간당 최저임금액과 비교해 보면 된다. 2010년 현재 한국의 시간당 최저임금은 4,110원이다. 만일 당신에게 1시간에 해당하는 3,600초와 4,110원 중에서 하나를 고르라고 한다면 어떤 것을 선택하겠는가. 만일 4,110원을 선택한다면 당신에게 1시간은 최저임금만도 못하다는 이야기가 된다.

최저임금은 인간이 인간다운 생활을 하기 위해 최소한 보장되어야 하는 가장 낮은 수준의 생계비를 법으로 정한 것이다. 편의점에서 아르바이트를 하든, 중국집에서 배달부를 하든, 길거리에서 전단지를 돌리든 최소한 1시간에 4,110원을 받게 된다. 4,110원을 선택한다는 것은 시간의 가치를 스스로 형편없이 떨어뜨리는 것이다.

여러분은 1시간과 4,110원 중 어느 것이 가치 있다고 생각하는가. 결국 1시간의 가치를 결정하는 것은 자신이다.

어떤 사람에게는 1시간이 4,110원의 가치만 담고 있지만, 어떤 사람들에게는 1시간이 수 십만 원의 가치를 지니게 된다. 그것은 시간의 주인인 자신이 어떤 인생을 살았고, 어떤 성공을 거두었는가에 따라 결정된다. 직업에는 귀천이 없다고 하지만 현실적으로는 분명히 연봉의 차이가 있고 그에 따라 시간가치도 달라진다. 시간을 잘 관리하는 사람이 인생에서 반드시 성공한다고 확신할 수는 없지만, 그만큼 성공에는 훨씬 가까이 다가선다고는 말할 수 있다.

성공은 시간관리를 철저하게 한 사람에게 돌아간다. 미국 하버드대학 연구결과에 따르면 인생계획을 세워 살아가는 3%의 사람들은 모두 크게 성공을 거두었지만, 계획 없이 지낸 사람들은 평범하게 살고 있는 것으로 나타났다.

젊을 때는 시간이 더디게 흘러가는 것처럼 느껴지지만, 나이가 들면 세월이 잘 흘러간다고들 말한다. 왜 그럴까. 젊을 때는 자신의 목표를 향해 분주히 움직이고, 자기계발을 하고, 능력을 배가시키기 위해 노력하기 때문에 시간이 느리게 흘러가는 것처럼 느껴진다. 하지만 나이가 들어갈수록 현실에 안주하게 되고, 도전을 포기하고, 하루하루를 때우는 식으로 생활하기 때문에 시간이 금방 지나쳐가는 것처럼 느껴지는 것은 아닐까.

발명왕 에디슨은 가장 어리석고 못난 변명은 '시간이 없어서' 라고 했다. 내가 살고 있는 오늘은 어제 죽은 이가 그리도 갈망했던 내일이라고 하지 않는가. 일분일초도 헛되이 보내서는 안되는 이유가 여기에 있다. 시간은 누구에게나 공평하게 주어진 자본금이다. 이 자본을 잘 이용한 사람에게 승리가 따라붙는다.

미국의 낭만파 시인 롱펠로는 다음과 같이 노래했다.

"미래를 신뢰하지 마세요. 죽은 과거는 묻어 버리세요. 그리고 살아 있는 현재에 집중하고 행동하세요."

시간을 정복하는 자만이 성공의 과실을 얻을 수 있는 법이다.

5. 오늘부터 당장
자신을 좋아하라

자기홍보
Self Promotion

/ 많은 사람에게 자신을 알려라 /

겸손과 자기 자신을 완전히 감추는 것과는 다르다. 실력과 능력이 출중하지만 이를 남들 앞에 일부러 드러내지 않는 것이 겸손이다. 하지만 경우에 따라서는 자신의 존재감을 다른 사람들 앞에 드러내야 할 때가 있다. '남들이 나를 알아주겠지' 라고 막연한 생각을 가지고 있으면 자신의 존재감을 보여줄 수가 없다. 현대 조직사회는 어느 정도 자신을 홍보하고 PR해야 하는 시대이다.

남들에게 자신을 어필할 수 있는 능력과 자질을 가지고 있지 않다면 사회생활을 하는데 어려움이 따른다. 현대사회는 개성 시대이면서 자기 자신을 어필해야 하는 자기홍보의 시대이기도 하다.

인터넷 블로그에 자신의 숨은 능력을 드러내 일약 스타덤에 오르는 사람도 있다. 직장에 취직하기 위해서는 다양한 스펙을 쌓고, 이를 이력서에 쓰거나 면접 장소에서 보여주어야 한다. PR은 더 이상 기업들이 상품판매를 위해서만 존재하는 것이 아니다.

우리는 자기 자신을 홍보하고 PR해야 하는 시대에 살고 있다. 능력이 아무리 출중하다고 하더라도 누군가에게 PR하지 않으면 다른 사람들은 가치를 모르게 된다. 경우에 따라서는 가치 이하의 대접을 받거나 홀대를 받기도 한다. 이것이 엄연한 조직생활, 사회생활의 현실이다.

자기PR이라고 하면 방송인 노홍철 씨를 떠올릴 수 있다. 노란머리가 그의 트레이드마크이다.

노홍철 씨의 차는 익살스러운 자기 모습으로 도배가 되어 있다. 지나가는 사람들은 그의 차를 단박에 알아차리고 그에게 손을 흔든다. 많은 방송인들이 외부노출을 꺼려 차의 창문을 새까맣게 선팅하는 것과는 큰 차이가 있다. 다양한 방법을 통해 자신을 외부에 알려야 개인의 브랜드 가치가 높아진다. 대기업들이 광고를 통해 기업 이미지를 높여 나가는 것처럼 개인들도 자기PR을 통해 개인브랜드를 높이고 이미지도 제고시켜야 한다. 정글의 법칙이 원시적인 형태로 가장 잘 나타나고 있는 곳은 뉴욕 맨해튼의 월스트리트이다. 실적이 좋으면 바로 연봉이 수십억 원으로 올라가고 승진도 빠르지만, 회사에서 인정받지 못해 무능한 직원으로 낙인찍히면 바로 이삿짐을 싸야 한다.

미국 경제와 글로벌 경제를 분석하는 애널리스트들은 수많은 보고서를 쏟아내고, 자신의 보고서가 언론과 방송에 노출되도록 하기 위해 안간힘을 쓴다. 이러한 자기 알리기 활동이 인사평가에 반영되고 자신의 연봉금액으로 직결되기 때문이다.

방송에 출연한 애널리스트와 경제 분석가들의 뒷배경에는 반드시 그 직원이 속한 기업명과 로고가 비쳐진다. 그래서 이 직원이 어느 회사를 위해 일하고 있는지 시청자들은 단박에 알 수 있다.

회사에서 의도적으로 연출한 것이다. 골드만삭스, 씨티그룹, 모건스탠리, UBS 등 월스트리트의 대표적인 투자 은행들은 그렇게 직원들을 훈련시킨다.

'너 자신을 알려라!'

버핏 회장은 자신감을 갖고 자신이 투자한 회사의 상품을 사람들에게 알린다. 남들이 나를 알아주고 인정해 주기를 마냥 기다리기보다는 거창하지는 않지만 '조용히' 자신의 장점과 강점을 다른 사람들에게 홍보한다.

/ 자기 자신을 세일즈 하라 /

버크셔 해서웨이 주주총회 때의 일이다. 유명 화가인 마이클 이스라엘은 버핏 회장에게 초상화를 그려 주주총회가 열리는 대강당에 전시하겠다는 제안을 했다. 버핏 회장은 좋은 아이디어라고 생각해 이 제안을 받아들였다.

하지만 한 가지 조건이 있었다. 초상화를 그리는 데 사용되는 페인트는 반드시 '벤자민 무어' 회사의 제품이어야 한다는 것이었다. 화가 이스라엘은 검은색 뿔테 안경을 쓴 버핏 회장의 초상화를 현장에서 그려

나가기 시작했고, 이 장면을 구경하던 손님과 주주들은 페인트 색상의 선명함에 감탄했다. 버핏 회장의 초상화는 경매에 넘겨져 연말에 자선활동에 쓴다는 목적도 있었지만 벤자민 무어 회사를 선전하기 위한 결코 밉지 않은 속셈도 깔려 있었다. 벤자민 무어는 버핏 회장이 투자한 회사이기 때문이다. 결국 버핏 회장은 자신이 투자한 회사의 제품을 사람들에게 홍보하기 위해 초상화 그리기 이벤트에 응했던 것이다. 이는 벤자민 무어가 판매하는 페인트 제품에 대한 자신감이 있었기에 가능했다.

이런 일도 있었다. 2008년 주주총회 때 버핏 회장은 다음과 같이 말했다.

"미국 화폐인 달러의 가치는 계속 떨어질 것입니다. 내가 화성^{Mars}에서 지구에 와 돈을 바꾸어야 한다면 아마도 모든 돈을 미국 달러화로 바꾸지는 않을 것입니다."

우주에는 화성뿐만 아니라 수성, 금성, 목성, 토성, 천왕성, 명왕성 등 많은 행성이 있다. 그런데 왜 버핏 회장은 '화성'이라는 행성을 선택했을까? 여기에도 버핏 회장의 '자기 알리기' 전략이 숨어 있다.

버핏 회장이 경영하는 버크셔 해서웨이는 2008년 4월 초콜릿으로 유명한 미국 제과업체 '마스^{Mars}'가 세계 최대 껌 회사인 리글리를 인수하는 데 같이 참여했다. 미국 달러화 가치가 떨어질 것이라는 자신의 생각을 주주들에게 설명하면서 버핏 회장은 '마스^{Mars}'라는 말을 의도적으로 사용했던 것이다.

회사 이름과 화성이 영어로는 모두 '마스^{Mars}'라는 점을 충분히 활용한 번뜩이는 재치로 자신과 함께 투자에 나선 회사의 이름을 사람들에게 다시 한 번 알려준 것이다. 이는 기회 있을 때마다 자신이 투자한 회사의 로고와 제품을 신문과 방송에 노출시켜 홍보효과를 높이는 버핏 회장의 전략을 가장 잘 표현하는 대목이다.

버핏 회장은 버크셔 해서웨이 주주총회가 열릴 때면 어김없이 코카콜라 음료, 시스 캔디See's candy 사탕, 데어리 퀸Dairy Queen 아이스크림 등 자신이 투자한 회사의 제품을 들고 다니거나 먹으면서 제품을 홍보한다. 또 방송사들과의 인터뷰도 자신이 투자한 회사 30여 개의 전시관을 배경으로 함으로써 투자회사의 로고와 제품이 방송화면을 통해 전 세계에 알려지게 한다.

가장 대표적인 것이 '볼샤임' 보석 가게이다. 버핏 회장은 주주총회가 열릴 때에는 언제나 볼샤임 보석 가게에서 전야제 행사를 연다. 버핏 회장이 투자한 볼샤임은 목걸이, 귀걸이, 시계 등 10만 점의 값비싼 보석을 판매하는 세계 최대의 보석 매장이다. 주주총회 기간 중에는 평소보다 가격이 30%가량 싸기 때문에 버크셔 해서웨이 주주들로 발 디딜 틈이 없을 정도로 북적거린다.

버핏 회장은 마이크로소프트의 빌 게이츠 회장을 초대해 이곳에서 카드게임을 하기도 하고, 주주들과 탁구경기를 하면서 신문과 방송사들의 이목을 끈다. 볼샤임 가게의 아름다운 보석과 깨끗한 실내 장식은 방송사 화면을 통해 전 세계로 전해진다. 볼샤임 가게의 연간 매출 중 20%가량이 주주총회가 열리는 3일 동안 이루어질 정도로 볼샤임 가게는 버핏 회장의 밉지 않은 상술로 큰돈을 벌어들인다.

/ 특별한 홍보 방법 /

버핏 회장은 자신이 투자한 회사와 제품에 대한 확신과 자신감이 있기 때문에 홍보를 적극적으로 할 수 있는 것이다. 실력도 능력도 없이 자기 자신을 내세우는 것은 만용으로 비쳐질 수 있지만, 탄탄한 능력을 바탕으로 홍보하는 것은 자신감의 표현으로 비쳐진다.

버핏 회장처럼 세계적으로 성공한 사람들 중에는 '자기자랑'이나 '자기과시'가 아니라 조용한 '자기홍보'를 통해 성공을 거머쥔 사람들이 많다.

『달과 6펜스』로 세계적인 명성을 얻은 영국인 작가 서머셋 몸[1874~1965]이 대표적이다. 서머셋 몸에게도 가난한 무명작가 시절이 있었다. 『달과 6펜스』라는 책을 출간했지만 알아주는 사람도 없고, 책도 팔리지 않아 궁핍한 생활을 하고 있었다. 그는 이대로 주저앉을 수 없다는 생각에 그의 이름을 밝히지 않고 다음과 같은 신문 광고를 낸다.

"마음씨 착하고 훌륭한 여성을 찾습니다. 저는 스포츠와 음악을 좋아하고 성격이 비교적 온화한 젊은 백만장자 부자입니다. 제가 바라는 여성은 최근 시미셋 몸의 소설 여주인공과 닮은 여성입니다. 자신이 서머셋 몸이 쓴 소설의 여자 주인공과 닮았다고 생각되는 분이 계시면 지체하지 마시고 저에게 연락을 주시기 바랍니다."

이 광고를 본 여성들은 호기심이 일어 서머셋 몸의 책을 사기 시작했고, 그는 일약 베스트셀러 작가가 된다.

능력과 자질을 몰라주는 독자들을 원망하거나, 자신의 신세 한탄을 하기보다는 자신감을 갖고 자신을 홍보하고 알렸기 때문에 가능한 일이었다. 자신에 대한 신뢰와 믿음이 없는데 누가 능력을 인정해 주겠는가.

세계적인 골프선수 타이거 우즈. 세계 골프역사를 다시 쓰고 있는 입지전적인 인물이다. 타이거 우즈는 흑인 아버지와 태국 어머니 사이에서 태어난 혼혈이다. 타이거 우즈가 어렸을 때만 하더라도 흑인들은 보이지 않는 인종차별을 당하고 있었다. 골프는 백인들의 전유물로만 여겨졌기 때문에 흑인 타이거 우즈가 골프를 치는 것에 대해 못마땅해 하는 백인들이 많았다. 어린 타이거 우즈는 골프 연습장에서 몇 번이나 쫓겨나는 서러움을 겪기도 했다.

하지만 타이거 우즈는 오직 실력만이 백인들의 코를 납작하게 할 수 있다는 신념을 갖고 연습에 매달렸다. 오늘날 흑인들은 물론 백인들의 우상이 되어 버린 타이거 우즈는 이러한 땀과 노력의 결과물인 것이다.

어린 시절 타이거 우즈는 사람들을 만날 때마다 꼭 선물하는 것이 있었다. 바로 타이거 우즈의 친필 사인이다.

"아저씨, 저는 이 다음에 커서 훌륭한 골프선수가 될 거예요. 그때에는 저 사인을 받기도 힘들 겁니다. 지금 사인을 받아 놓으세요. 그리고 이 사인을 잘 기억해 두세요."

어린 타이거 우즈가 사람들에게 사인을 해주면서 했던 말이다. 자신의 이름을 알리는 효과도 있었겠지만 이를 통해 자신의 꿈과 희망을 반드시 이루고야 말겠다는 의지도 함께 불태운 것이다. 자신감이 있었기 때문에 타이거 우즈는 무명시절에도 다른 사람들에게 사인을 해주면서 자기홍보를 할 수 있었다.

이처럼 버핏 회장과 타이거 우즈가 큰 성공을 거둘 수 있었던 것은 요란하거나 호들갑스럽지는 않은 '자기 자신 알리기'가 있었기 때문이다.

침묵이 금이 되는 상황이 있는가 하면 침묵이 독이 되는 경우도 있다. 생존경쟁과 적자생존의 법칙이 지배하는 사회 생활에서 자신의 장점을 침묵으로 일관하기보다는 홍보를 통해 자신을 알리는 노력이 필요하다.

결국 버핏 회장은 자아실현이라는 꿈을 이루기 위한 첫걸음은 '자기 알리기'에 있다는 사실을 여러분에게 몸소 보여준다.

"인생의 첫발을 내디딜 때에는 자신의 재산이나 장점에 의지하지 마세요. 중요한 것은 남들과 다른 일을 하는 것입니다. 머리를 짜내 자신만의 장점을 발견하세요."

이탈리아의 세계적인 디자이너인 루치아노 베네통 회장도 이런 말을 했다.

6. 공짜 치즈는
쥐덫에만 놓여 있다

직업
Occupation

/ 6살 때 코카콜라 장사를 하다 /

워렌 버핏이 6살 때 그의 할아버지는 오마하의 작은 마을에서 식료품 가게를 운영했다. 가게이름은 '버핏 앤 선'이었다. 어린 버핏은 할아버지가 야채와 커피를 파는 것을 도와주고 무거운 짐도 같이 옮기면서 할아버지 일을 거들었다.

할아버지가 물건을 팔고 일일이 기록하는 회계장부를 유심히 살폈고, 어떻게 물건을 팔아 돈을 버는지 바로 옆에서 지켜본 것이다. 어쩌면 버핏 회장의 비즈니스 감각은 어릴 때 할아버지와 함께 가게 일을 하면서 자연스럽게 얻은 것이라고 볼 수 있다.

어느 날, 어린 버핏은 할아버지에게 하나의 제안을 하게 된다.

"할아버지, 코카콜라를 저에게 좀 싸게 파세요. 도매가격으로 저에게 파세요. 그럼 저는 이것을 이웃 아저씨, 아주머니들에게 팔게요. 이건 저랑 비즈니스를 하자는 거예요."

할아버지는 어린 버핏의 제안이 황당하기도 하고 당돌하기도 했지만 제 스스로 돈을 한번 벌어보겠다는 생각이 기특해서 허락했다.

"좋은 생각이구나. 어릴 때 경험했던 고생이 나중에 인생을 살아가는 데 큰 도움이 된단다. 할아버지가 코카콜라를 줄 테니까 이윤을 남겨보도록 해라. 할아버지도 도와줄 테니까."

할아버지는 어린 버핏의 머리를 쓰다듬으며 엷은 미소를 지었다.

"할아버지, 고맙습니다. 절대 손해 보지 않고 성공할게요."

어린 버핏은 자기 힘으로 돈을 벌 수 있다는 기쁨에 깡충깡충 뛰었다. 이는 세계 최고의 부자인 워렌 버핏이 처음으로 성사시킨 비즈니스이다.

어린 버핏은 다음날 바로 장사를 시작했다. 할아버지로부터 6개가 들어 있는 코카콜라 세트를 25센트에 사들인 뒤, 여기에 5센트를 붙여 30센트에 팔았다. 동네 아저씨와 아주머니들은 어린 녀석이 기특하다며 할아버지 가게에 가기보다는 어린 버핏의 코카콜라를 사 주었고, 나중에 큰 비즈니스맨이 될 것이라고 칭찬을 해주었다. 자신의 일을 즐기고 있는 어린 버핏을 옆에서 지켜보면서 할아버지는 고개를 끄덕일 뿐이었다.

고사리손으로 코카콜라를 팔았던 어린 버핏은 지금 세계적인 기업인 코카콜라의 대주주가 되어 있다. 어릴 때 코카콜라를 팔아 용돈을 벌었던 워렌 버핏이 지금은 코카콜라의 주인이라는 이야기이다. 그럼 워렌 버핏은 어떻게 코카콜라의 주인이 될 수 있었을까.

어린 버핏이 할아버지에게서 코카콜라를 저렴한 가격에 사서 이윤을 얹어 동네 사람들한테 팔았던 시절로부터 50년이 지난 1989년의 일이다. 당시 버핏 회장은 투자활동을 통해 이미 세계적인 부자 반열에 속해 있었다.

버핏 회장은 어릴 때의 경험을 바탕으로 코카콜라가 미국을 넘어 세계적인 기업이 될 것이라는 것을 알고 있었다. 미국을 적대시하는 쿠바에서도 코카콜라는 인기를 끌고 있고, 중국 사람들도 햄버거와 같은 패스트푸드를 먹을 때에는 코카콜라를 같이 주문한다.

어릴 때 코카콜라를 팔아 본 경험이 있던 버핏 회장은 이후 코카콜라에 대해 공부를 했고, 코카콜라가 어떻게 성장해 가는가를 면밀히 관찰했다. 그리고 1989년 3월 자신의 판단이 정확하다고 확신한 버핏 회장은 코카콜라의 지분 6.3%를 10억 달러에 사들인다. 코카콜라를 팔아 용돈을 벌었던 시골의 어린 아이가 세계적인 다국적 기업의 주인이 되는 순간이었다.

버핏 회장은 자신이 좋아하고 즐기는 일을 천직으로 생각한다. 하늘이 내려 주신 직업으로 생각하는 것이다. 1985년에 열린 버크서 해서웨이 주주총회에서 코카콜라의 대표 상품인 '체리코크'를 버크서 해서웨이의 공식음료로 지정했을 정도이다.

어린 시절 코카콜라와 펩시콜라를 모두 좋아했던 버핏 회장은 펩시콜라는 더 이상 마시지 않고 이제는 코카콜라만 마신다. 자신이 선택한 상품이 최고라는 신념과 자신감을 가지고 있기 때문이다.

그는 경영진과의 회의를 진행할 때도, 주주총회에서 주주들과 대화를 할 때도, 신문이나 방송과 인터뷰를 할 때도 항상 코카콜라를 손에 들고 나타난다. TV나 언론에 조금이라도 많이 코카콜라를 노출시켜 광고효과를 높이기 위해서다.

/ 일을 애인처럼 사랑하라 /

뉴욕 퀸즈Queens의 더글라스톤Douglaston 지역에는 '피터 루가Peter Rug,' 라는 고급 레스토랑이 있다. 오랜 역사와 전통을 자랑하는 음식점으로 랍스터 스테이크를 전문으로 취급하는데 겉모습은 수수하지만 건물 내부로 들어서면 화려한 실내장식에 놀라게 된다. 턱시도, 드레스같은 정장을 갖추어야 하는 것은 아니지만 남자 손님들 대부분은 넥타이와 양복을, 여자 손님들은 격식 있는 의상을 입을 정도로 고급 이미지가 강하게 풍긴다.

식사비용은 애피타이저와 후식을 포함해 한 사람 당 100달러10만 원 이상 나온다. 부부와 아이들이 모처럼 기분을 내기 위해 이 레스토랑을 찾을 경우 400달러는 족히 감수해야 한다. 문제는 종업원들에게 지급하는 팁이다. 미국에서는 보통 음식 값의 10~15%가량을 팁으로 내는 것이 관례이다. 이 레스토랑의 경우 자기 테이블에서 주문을 받고 빈 물잔을 채워 주고 식사 내내 시중을 드는 종업원에게 보통 15~20달러가량을 팁으로 테이블 위에 올려놓는다.

이 레스토랑에서 일하는 종업원들은 50대 이상 노인들이 대부분으로 70대 고령자들도 많다. 백발에 나비넥타이를 매고 주문을 받는 이들 웨이터들은 수준급이다. 유명 호텔에서 일한 호텔리어 출신 사람들이 많은데다 경험도 많아 업계에서는 베테랑으로 통한다.

피터 루가 레스토랑에서 일하는 경험이 많은 시니어급 웨이터들은 연봉이 10만 달러를 넘는다. 우리 돈으로 연간 1억 원을 버는 부자들이다. 젊었을 때에는 화려한 호텔생활과 기업체 임원으로 활동했지만 정작 정년퇴직 이후에는 규모도 그리 크지 않은 레스토랑에서 웨이터로서 '인생 2막'을 살고 있는 사람들이다.

"나는 나의 일이 자랑스럽고 이 일을 하는 것을 천직으로 여깁니다. 가족들은 좀 쉬어야 한다고 말하지만 나는 이 일을 그만두고 싶지 않아요. 하고자 하는 일을 하는 것은 세상 어느 것과도 바꿀 수 없는 기쁨이 아닐까요?"

이곳에서 5년째 일하고 있다는 스티브 할아버지의 말씀이다.

직업에는 귀천이 없다고 하지만 한국에서는 이러한 논리가 통하지 않는 것 같다. 보수가 많고 적음에 따라 사람에 대한 평가가 달라진다. 3년 4개월 동안 뉴욕 특파원 생활을 하면서 내가 보고 느낀 것은 미국 역시 빈부의 격차가 크기는 하지만, 직업에는 높고 낮음이 없다는 철학을 굳게 믿고 있는 사회라는 점이다. '피터 루가' 레스토랑에서 일하는 웨이터들은 그 단면을 보여준다.

자동차 수리공도 마찬가지다. 우리 집 앞에는 중국인이 운영하는 '모빌 주유소'가 있었다. 기름을 넣는 곳일 뿐 아니라 자동차 고장수리, 정기 검사를 위해 손님들로 북적거리는 곳이다. 미국에서는 전문기술을 가지고 있으면 대접받고 산다. 한국도 점차 전문기술자가 존경받고 월급도 많이 받는 사회가 될 것이다.

미국에서는 인건비가 비싸기 때문에 웬만한 것은 소비자들이 직접 고치는 것이 일반적이다. 한국에서는 자동차 타이어를 직접 교체하는 운전자가 흔하지 않지만 미국 드라이버들은 웬만하면 타이어 교체는 혼자서 처리한다. 주유소에 가서 수리할 경우 수백 달러는 고스란히 나가기 때문이다.

미국 주유소에서 일하는 기계공들은 회사로부터 정기적으로 월급을 받기도 하지만 수리가 끝나면 역시 팁을 받는다. 기술과 실력을 알아주는 기계공일 경우 1년에 10만 달러를 벌어들이는 것은 힘든 일이 아니다. 손에는 기름때가 묻고, 지저분한 작업복을 입고 있지만 그들의 집은 화려하다. 웨이터로 시중을 들면서, 자동차 수리공으로 기름땀을 흘리면서 그들은 백만장자의 꿈을 이루어가고 있는 것이다.

네일 가게 종업원들도 마찬가지다. 구찌, 페라가모, 버버리, 샤넬 등 고급 명품가로 유명한 맨해튼 5번가를 비롯해 번화가에는 미국사람뿐 아니라 한국인과 중국인들이 운영하는 네일 가게들이 많다.

손톱정리를 하고 불필요한 신체의 털을 제거하고 발톱을 다듬는 등 몸을 가꾸는 곳이다. 여기서 일하는 종업원들도 전문 학원을 나와 경력이 쌓일 경우 짭짤한 수익을 챙길 수 있다.

손님들로부터 받는 팁이 쌓이면 목돈이 된다. 베테랑일 경우 연봉 1억 원은 손쉽게 벌어들일 수 있다.

한국에서 미국으로 건너 온 한국인 이민자들의 경우 남자들은 델리 가게^{식료품가게} 종업원으로, 여성들은 네일 가게에서 일하는 경우를 많이 볼 수 있다.

미국에서는 낮은 분야에서 시작해 큰돈을 벌 수 있는 분야들이 많이 있다. 위에서 예로 든 레스토랑 종업원, 자동차 수리공, 네일 가게 직원들이 대표적인 경우다.

자신의 일을 애인처럼 사랑하고, 그 분야에서 반드시 성공하고야 말겠다는 의지와 집념이 있으면 성공과 부는 우리들 가까이에 다가오는 법이다.

/ 미래는 일하는 사람의 것이다 /

1962년 필립 나이트^{Philip Knight}와 오리건 대학 육상코치였던 빌 보워먼^{Bill Bowerman}이 의기투합해 스포츠회사를 세웠다. 설립 당시 나이트의 나이는 25세였다.

젊은 친구들이 부모와 주변의 반대를 무릅쓰고 스포츠회사를 만들어 아디다스에 도전장을 내민 것이다. 당시 1960년대 독일의 아디다스는 세계적으로 유명한 스포츠신발 브랜드이자, 그 누구도 도전할 수 없는 거대기업이었다.

이 도전은 계란으로 바위를 치는 격이었고, 어린 다윗이 거인 골리앗에게 싸움을 거는 꼴이었다. 누구나 무모한 도전이고, 승산 없는 싸움이라고 생각했다. 모두들 부정적으로 생각했다. 하지만 이 젊은이들은 아디다스를 이길 수 있다는 희망과 열정으로 계획을 실행에 옮겼다. 처음에는 브랜드 인지도도 없었고, 영업방법도 잘 몰랐고, 사업자금도 충분하지 않았다. 하지만 그들은 똘똘 뭉쳐 외쳤다.

"한번 해보는 거야Just Do It."

일단 도전해 보자는 긍정적인 사고였다. '과연 될까?' '안될 거야' '실패할 텐데……' 등과 같은 부정적인 생각이 아니라 '일단 행동으로 옮겨 보는 거야' '잘하면 될 수도 있어' '우리가 해보는 거야' 등과 같이 적극적이고 긍정적으로 사물을 바라본 것이다.

오리건 대학과 스탠퍼드 경영대학원을 졸업한 나이트는 가진 것이 아무것도 없어 트럭에 러닝슈즈를 싣고 운동경기장을 찾아다니며 신발을 팔았다. 나이트는 대학시절 코치였던 보워먼에게 도움을 청했고, 보워먼은 아내가 사용하는 와플 굽는 틀을 바라보다가 획기적인 아이디어를 생각해냈다. 틀 속에 고무를 집어넣고 고무 와플을 만든 다음 그것을 잘라 신발의 밑창에 아교로 접착시켰다. 그리고 자신이 가르치는 팀의 선수들에게 그 신발을 나누어 주고는 그것을 신고 뛰어 보라고 했다. 선수들의 발이 편안하고 탄력성도 좋아 반응은 폭발적이었다. 이 신발로 나이키는 커다란 성공을 거두었고 1970년대 가장 혁신적인 신발 제조업체로 이름을 날리게 되었다.

나이키의 'Just Do It' 정신은 이렇게 시작되었다. 그들은 지금 아디다스를 능가하는 세계 최고의 스포츠 브랜드가 되어 있다. 세계적인 농구선수 마이클 조던, 골프선수 타이거 우즈, 테니스 선수 페더러 등이 나이키 광고를 했거나 광고계약을 맺고 있는 선수들이다.

나이키 로고는 그리스 신화에 나오는 승리의 여신 '니케NIKE'의 날개를 형상화했다. 승리Victory의 상징인 'V'자를 비스듬히 눕힌 모양과 닮았다. 자신에게 주어진 일을 사랑하는 사람을 성공의 여신은 외면하지 않는다.

백만장자 부자들은 타고나는 것이 아니라 작고 낮은 곳에서 시작해 쌓아가는 것이라는 사실을 워렌 버핏 회장과 미국 부자들은 우리들에게 보여주고 있다. 미래는 일하는 사람의 것이다. 게으름뱅이의 손에 누가 권력과 명예를 안겨 주겠는가.

7. 재테크에
빨리 눈떠라

투자
Investment

/ 11살 때 시작한 주식투자 /

워렌 버핏이 11살 되던 때의 일이다.

"아버지, 저도 주식투자를 하고 싶어요. 아버지도 주식투자를 하니까 저도 해보고 싶어요."

어린 버핏이 아침을 먹다말고 아버지에게 말했다.

"그래, 나는 너의 생각을 존중한단다. 하지만 너도 알다시피 주식투자는 잘하면 돈을 불릴 수 있지만 잘못하다가는 돈을 잃을 수도 있단다. 잘 알고 있겠지."

아버지는 어린 버핏의 생각을 기특하게 여겼지만, 한편으로는 걱정스러운 듯이 대답했다.

"잘 알고 있어요. 제가 모르는 것은 아버지가 가르쳐 주세요. 저도 열심히 공부하고 모르는 것이 있으면 아버지께 배우도록 할게요."

"그래, 너의 고집을 꺾지는 않겠다. 하지만 조건이 있단다. 네가 투자하고자 하는 기업에 대해 열심히 분석하고 절대 무리하게 주식투자를 해서는 안된단다. 또 정기적으로 너의 주식투자 성적과 수익률에 대해 아빠와 함께 이야기하도록 하자꾸나."

버핏의 아버지는 어린 나이에 다른 아이들에 비해 일찍 투자에 관심을 보이는 아들의 생각이 대견하다고 생각했다.

"네, 허락해 주셔서 고맙습니다. 아버지에게 돈을 달라는 생떼는 쓰지 않을게요. 제가 용돈을 벌어 제 힘으로 투자하겠습니다. 지켜봐 주세요."

워렌 버핏은 아버지의 허락을 받고 처음으로 주식을 샀다. '시티서비스City Service' 라는 석유회사였다. 버핏은 동네 증권회사를 찾아다니면서 시티서비스 회사에 대한 자료를 구하고, 주식가격을 매일 체크하면서 공부를 했다. 버핏은 주식가격이 어떻게 움직이는가를 한눈에 보기위해 자신만의 노트를 만들어 주가흐름을 분석하는 치밀함을 보였다. 누나인 도리스도 버핏의 권유로 시티서비스 주식을 사게 되었다.

버핏과 도리스는 시티서비스 주식을 주당 3만 8,000원^{38달러}에 샀다. 시티서비스 주가는 2만 7,000원까지 떨어졌다가 시간이 지나면서 4만원을 회복했다.

"도리스 누나, 우리가 시티서비스 주식을 3만 8,000원에 샀는데 지금 4만 원 하네. 2,000원가량 이익을 챙긴 셈이야. 이제 주식을 파는 게 어떨까?"

"그래, 버핏. 나는 주식가격이 2만 7,000원까지 떨어질 때는 정말 큰 손해를 보는 것 아닌가 걱정을 했어. 이제 본전을 찾았고 이익도 챙겼으니 팔도록 하자."

버핏과 도리스 누나는 주식을 팔았다. 하지만 시간이 지나 몇 년 후에 워렌 버핏이 시티서비스의 주가를 살펴보니까 20만 원까지 크게 올라 있는 것이었다. 버핏은 깨달았다.

"아, 주식투자라는 것이 이러한 것이구나. 4만 원에 주식을 팔지 않았더라면 지금 시티서비스 주가는 20만 원이나 하는데 내가 너무 빨리 주식을 팔아치웠구나. 아깝지만 좋은 경험을 했다고 생각하자."

워렌 버핏은 작은 실수를 통해 주식투자를 배워 나가고 있었다. 또 주식을 사고파는 브로커로 일하던 아버지가 어떻게 하면 돈을 벌고, 어떻게 하면 돈을 잃게 되는지 실전 경험을 통해서 어린 버핏에게 주식투자를 가르쳐 주었다. 물론 어린 버핏도 열심히 공부하고 연구도 했다.

/ 버크셔 해서웨이 주주총회에 자녀를 데리고 오는 이유 /

사회생활을 시작하는 20대가 되어서야 주식이 뭔가를 알게 되는 한국의 투자 환경과는 하늘과 땅 차이다. 버핏은 어린 나이에 골프 캐디로 일하며 주운 공을 팔아 돈을 모았다. 남들은 쓸데없는 일을 한다고 웅성거렸지만, 버핏은 이에 아랑곳하지 않고 꿈을 이루기 위해 자신이 할 수 있는 일을 했다.

신문배달도 했다. 겨울이면 손이 틀 정도로 힘이 들었고 찬 새벽공기에 몇 번이나 몸살을 앓았지만 포기하지 않았다.

또 자신이 직접 만든 동전교환기를 동네 사람들에게 팔았다. 망치질이 서툴러 손가락을 다치기도 하고 동전교환기가 고장이 나 애먹기도 했지만 꿈을 달성하기 위한 과정으로 생각하고 꾹 참았다.

어린 버핏은 아버지와의 약속을 지켰다. 자신의 노력과 땀으로 용돈을 마련하고 이를 주식 투자에 활용했다. 어려운 주식용어와 투자원리는 아버지에게 물어가면서 세계적인 투자자로 이름을 날리게 되는 경험을 쌓게 된 것이다.

고등학교를 졸업하기 전에 버핏은 이미 농장 주인이 되어 있었다. 사회생활을 시작할 무렵 친구들은 취직 준비에 골머리를 앓고 있었지만, 버핏은 투자자들을 모집해 돈을 모으고 기업을 사들이는 사업가로서 사회생활을 시작하게 되었다.

어린 시절 어떠한 꿈과 목표를 세우느냐에 따라 미래가 달라진다. 평범한 삶을 살아갈 것인가, 아니면 자신이 꿈꾸고 희망했던 인생을 살 것인가는 꿈의 크기와 실천 여부에 달려 있다.

버핏 회장은 자신이 어렸을 때 겪었던 소중한 경험을 청소년들에게도 전파하려고 노력한다. 버핏 회장이 고안하고 창안한 어린이 놀이상품 중에 '돈놀이 게임'이 있다.

한국의 윷놀이와 비슷한 게임으로 아이들이 은행에서 돈을 빌릴 때 이자를 얼마나 내야 하고, 주식 브로커에게는 얼마의 수수료를 내야 하고, 투자이익은 얼마가 될지 생각하도록 하는 게임이다.

부모와 아이들이 게임을 할 수도 있고, 친구들끼리도 즐길 수 있도록 만들었다. 게임 포장박스에는 버핏 회장과 찰리 멍고 부회장의 얼굴이 캐리커처로 익살스럽게 그려져 있다.

버핏 회장이 운영하는 보석 가게 '볼샤임Borsheims'에서는 수십만 원, 수백만 원 하는 다이아몬드 목걸이, 귀걸이 등 귀금속이 즐비하지만 한편에서는 버핏 회장이 고안한 돈놀이 게임판도 같이 판매하고 있다.

내가 볼샤임 보석 가게를 방문했을 때에는 부자들이 값비싼 보석을 산 후에 자녀들에게 선물하려고 돈놀이 게임판을 하나씩 사는 것을 보았다.

초등학생, 중학생들이 부모에게 떼를 쓰면 20만 원 이상의 고가 핸드폰을 덥석 사주는 것이 한국의 현실이지만, 버핏 회장은 아이들에게 돈을 벌고 관리하는 방법이 더욱 중요하다고 가르치고 있다.

이는 버크셔 해서웨이 주주총회(기업 설명회)에 가면 분명히 확인할 수 있다. 한국의 부모와 자녀들이 버크셔 해서웨이 주주총회에 참석한다면 어린 '꼬마 주주'들이 많다는 사실에 깜짝 놀랄 것이다.

한국에서는 상상하기 힘든 일이다. 부모의 손을 잡고 주주총회장을 찾아 버핏 회장의 말씀을 귀담아 듣고, 버핏 회장이 투자한 기업의 제품을 둘러보면서 어린 아이들은 투자에 대한 실전 경험을 배우게 된다. 미국의 부자 부모들은 자녀들을 그렇게 교육시킨다.

어릴 때의 작은 투자경험이 아이들의 미래 인생까지 바꾸어 놓을 정도로 큰 영향을 미칠 것으로 생각한다. 아이들을 데리고 온 미국 부자들의 작은 배려가 부러울 뿐이다.

나는 버크셔 해서웨이의 주주총회장을 돌아보다가 8살 된 딸을 데리

고 온 한 미국 남자를 만났다. 그는 올해 49살로 데이비드 래들러라고
자신을 소개했다.

래들러 씨는 버크서 해서웨이 주식 A와 B를 가지고 있다. 주식 A는
1주당 1억 원가량에 거래되고 있고, 주식 B는 1주당 300만 원가량에 매
매되고 있다. 레들러 씨는 A주식만 10주 이상 가지고 있는 부자였다.

"딸아이를 데리고 왔어요. B주식 몇 주를 딸아이 주식계좌에 넣어
주었거든요. 아이가 자신이 어떤 회사에 투자했고, 그 회사의 경영자가
누구인지 알 수 있도록 하기 위해서 데리고 왔죠. 어릴 때부터 돈에 대
한 눈을 뜨게 해주는 것이 중요하다고 봐요. 오늘 딸아이에게 좋은 교육
현장을 선물한 것 같아 기분이 좋아요."

레들러 씨가 싱글벙글 웃으며 말했다.

나와 레들러 씨의 대화를 가만히 지켜보고 있던 딸아이 벨라가 끼어
들었다.

"아빠가 버크서 해서웨이 B주식 1,000주를 제 주식계좌에 넣어 주었
어요. 일주일에 한번씩 아빠와 경제신문이나 잡지를 보면서 제 주식 가
격이 어떻게 되었나 체크하고, 버크서 해서웨이 회사에 무슨 일이 있었
나 알아봐요. 처음에는 따분하고 지루했는데 이제 제가 먼저 신문이나
인터넷을 찾아본다니까요. 참 재미있어요. 이제는 왜 아빠가 저에게 주
식계좌를 만들어 주었는지 이해할 수 있을 것 같아요. 버크서 해서웨이
의 주식은 제가 귀여워하는 우리 집 강아지와 같이 이제 소중한 저의 일
부가 되었어요. 아빠에게 감사하고 있어요."

딸아이 벨라가 웃으며 말했다.

버핏 회장이 어릴 때부터 돈의 소중함을 깨닫고 재테크와 경제공부에 높은 관심을 가졌던 것처럼 레들러 씨도 딸아이 벨라에게 돈을 버는 방법을 가르치고 있었던 것이다. 사실 미국 부모들은 어린 자녀들에게 일찍 돈과 재테크에 대해 가르친다. 죽어라 공부만 시키는 우리와는 차이가 있다.

/ 자녀들과 함께 물건을 파는 미국 가정주부들 /

미국 동네를 돌아다니다 보면 어린 아이들이 쓸모가 없는 물건들을 정원 앞에 모아 놓고 싼 가격에 파는 '창고세일'을 하는 것을 흔하게 볼 수 있다.

부모들은 낡은 가구와 소파, 전자제품, 골프세트 등을 내놓고, 아이들은 인형과 게임기, 책상, 스쿠터 등 자질구레한 물건들을 진열해 놓고 지나가는 사람들에게 물건을 판다.

아이들이 직접 손님과 가격흥정을 하기도 하고, 제품 사용하는 방법을 알려주면서 물건 파는 방법을 배워가는 것이다. 한국 사회 같으면 어린 아이가 당돌하다거나 너무 일찍 돈을 밝히는 것 아니냐는 핀잔을 들을 일이지만, 미국에서는 너무나 자연스러운 일이다.

돈을 벌기가 얼마나 힘들고 왜 소중히 여겨야 하는지 아이들은 경험을 통해서 깨우쳐간다고 볼 수 있다. 돈이 필요하다고 할 경우 아무 생각 없이 지갑에서 돈을 꺼내 아이들에게 주는 한국 부모들과는 큰 차이가 있는 것이다.

아이들이 가난하게 살기를 바라는 부모는 이 세상 어디에도 없다. 하지만 한국 부모들은 아이들이 돈을 벌고, 돈과 친숙해지는 방법을 교육하는 데는 인색하다. 돈을 벌고 관리하는 방법을 모르는 사람이 어떻게 부자가 될 수 있겠는가.

버핏 회장은 분명하면서도 또렷하게 말한다. 어릴 때부터 돈 교육을 시키고 아이들이 돈에 관심을 갖도록 유도해야 한다고. 어른이 되어서 계획을 세울 것이 아니라 어릴 때부터 돈을 벌 공부를 해야 한다는 것을 버핏 회장은 우리들에게 보여주고 있다.

한국에서도 아이들을 위한 경제교실이 많다. 증권, 은행, 보험회사들이 고객유치 차원에서 다양한 '어린이 경제교실'을 정기적으로 운영하고 있다. 그만큼 한국 사회에서도 어린이 경제교육에 대한 관심과 흥미가 높아지고 있다. 어린이 경제교실에 가보면 학부모와 자녀가 함께 참여해 스스로 용돈 관리하는 방법을 비롯해 은행 이자, 주식투자, 펀드투자 등 다양한 금융상품에 대해서 공부를 한다. 어려운 용어로 설명하는 것이 아니라 게임과 놀이를 통해 학생들이 이해하기 쉽게 경제현상과 금융상품을 설명해 준다. 2시간가량 신나게 놀고 나면 자신도 모르게 경제에 대해 자신감이 생기게 된다.

주말에 놀이동산을 가거나 동물원을 찾거나 영화를 보는 것도 시간을 잘 활용하는 방법이지만 한번쯤은 자녀들을 데리고 경제교실이나 경제캠프에 참여하는 것도 좋다. 어릴 때의 생소한 경험이 자녀들의 인생을 결정할 수도 있는 것이다.

버크셔 해서웨이의 주주총회가 열리는 매년 5월 초만 되면 버핏 회장이 사는 미국 네브라스카주 오마하 마을은 '축제의 향연'으로 변한다. 야구대회, 농구대회, 추수감사절, 크리스마스 등 오마하에서 개최되는 모든 행사들 가운데 가장 바쁘고 외부 손님들로 붐비는 시기가 바로 이때이다.

/ 새벽부터 버핏 회장을 기다리는 사람들 /

미래에셋증권이나 미래에셋자산운용 등의 금융회사를 경영하는 '박현주 회장'에 대해 들어 보았을 것이다. 시골에서 서울로 올라와 동료들과 투자활동을 하면서 국내 최대의 투자전문그룹을 만든 장본인이다. 사람들은 박현주 회장을 '한국의 워런 버핏'이라고 부른다. 버핏 회장과 박현주 회장의 공통점은 투자회사를 설립해 많은 기업의 주식을 사들이고 투자활동을 통해 주주들에게 돌려준다는 것이다. 미국 오마하에는 버핏 회장이 있다면 대한민국 서울에 박현주 회장이 있다.

오마하는 미국 중부 네브라스카주의 동쪽 끝에 위치한 작은 도시이다. 버크셔 해서웨이 주주총회가 열리는 매년 5월초만 되면 미국 전역은 물론 해외에서 몰려든 버크셔 해서웨이 주주들로 한적한 시골마을 전체가 들썩인다.

3일 동안 열리는 주주총회에 버크셔 해서웨이 주식을 가지고 있는 3만 여 명의 사람들이 참석하며 이 중 700명가량은 한국을 포함해 일본, 독일, 영국, 프랑스, 남미 등 해외에서 오랜 시간 비행기를 타고 올 정도로 큰 인기를 끈다.

내가 방문한 2007년 5월 5일은 새벽부터 봄비가 내렸다. 출입문을 여는 시간은 아침 7시이지만 조금이라도 버핏 할아버지를 가까운 거리에서 보기 위해 전날 저녁부터 줄을 서며 밤샘을 한 '열성팬' 도 많았다.

5시 30분 이른 새벽에 주주총회가 열리는 퀘스트센터Quest Center 대강당에 도착해 보니 우산을 받쳐 든 주주들이 200m 이상 긴 줄을 서서 장사진을 이루고 있었다. 비옷을 입고 있는 사람, 버핏 회장에 대한 신문 기사를 읽고 있는 사람, 졸고 있는 사람, 친구들과 이야기를 나누는 사람 등 각각 표정은 달랐지만 빨리 대강당 안으로 들어갔으면 하는 바람은 똑같았다. 마치 유명 연예인 공연을 보기 위해 환호성을 지르며 줄을 서 있는 어린 소녀들의 모습을 보는 듯 했다.

긴 줄을 파헤치고 앞으로 나아가 제일 먼저 도착한 사람을 만날 수 있었다. 그는 미국 유타주의 파크시티에서 왔고, 이름은 제리 브루네티이며, 올해 45세라고 자신을 소개했다.

"어제 저녁 8시부터 이곳에 줄을 섰어요. 버핏 회장을 직접 보고 그의 말을 듣는다는 설레임에 피곤한 줄 모르겠어요. 어떻게 그가 세계적인 부자가 되었는지 알고 싶어요. 단지 버핏 회장을 가까운 거리에서 보는 것만으로 저에게는 큰 기쁨이에요."

브루네티 씨가 방긋 웃으며 대답했다.

드디어 7시. 안내원이 입장을 알리는 신호를 보내고 출입문이 열리자 버핏 회장의 추종자들은 본회의장으로 쏜살같이 달려들었다. 마치 100m 달리기 레이스에서 선수들이 '탕' 하는 출발신호와 함께 내리 달리기 시작하는 것과 똑같았다.

둥근 원형천장으로 둘러싸인 회의장은 마치 고대 로마제국의 원형 경기장인 콜로세움을 연상시킬 정도로 넓고 웅장했다. 콜로세움 경기장의 중앙에서는 검투사와 맹수들이 목숨을 걸고 싸움을 하고, 황제와 관객들은 계단식 좌석에서 느긋하게 구경한다.

반면 버크셔 해서웨이 주주총회에서는 버핏 회장과 멍고 부회장이 경제와 세계 금융시장에 대해 설명하고 계단식 좌석에 앉은 주주들은 세계 최고의 부자가 들려주는 이야기를 들을 뿐이다. 하지만 열광과 흥분의 도가니라는 점은 똑같다.

나는 맨 위층에 위치한 기자실에서 오전 9시 30분부터 오후 3시까지 5시간 이상 진행된 버핏 회장과 주주들의 질문과 대답을 귀를 쫑긋 세워가며 경청했다.

/ 남의 돈을 나의 주머니로 가져올 수 있는 방법을 궁리하라 /

여러분은 기업의 주주총회라고 하면 양복을 입고 넥타이를 맨 CEO와 주주들이 어려운 경제용어를 사용하면서 매우 딱딱하고 재미없게 진행될 것이라고 생각할 것이다. 하지만 버크셔 해서웨이 주주총회는 이와 정반대이다. 버핏 회장이 워낙 낙천적이고 밝은 성격을 가지고 있는데다 재치와 유머감각도 풍부해 주주총회를 유머러스하게, 또는 코믹하게 만들어 놓는다.

메인 행사에 앞서 버크셔 해서웨이 회사와 버핏 회장을 소개하는 영상물이 커다란 스크린에 상영되었다. 뒤뚱뒤뚱 걷는 버핏 회장이 2미터가 넘는 키다리 NBA 농구선수와 농구경기를 하는 모습, 버핏 회장이 농구코트에 돈을 떨어뜨리고 NBA 농구선수가 돈을 줍는 순간 버핏 회장이 상대편 코트로 달려가 골을 넣는 우스꽝스러운 장면, 만화로 버크 셔 해서웨이를 소개하는 영화 등 버핏 회장은 매우 다양하고 다채롭게 주주총회를 준비했다.

이윽고 안내 마이크로 버핏 회장과 찰리 멍고 부회장이 소개되자 대강당은 갈채와 환호성이 터져 나왔고, 여기저기서 카메라 플래시가 번쩍이기 시작했다. 버핏 회장과 멍고 부회장은 손을 번쩍 들어 고맙다는 답례를 했고, 연단 중앙에 가로로 기다랗게 놓인 군청색 테이블에 앉았다.

1년에 한번 견우와 직녀가 은하수 오작교에서 극적으로 만나는 것처럼 세계 최고의 부자와 주주들은 이렇게 첫 만남을 가졌던 것이다.

버핏 회장은 주주들에게 톱 연예인이자 우상이었다. 버핏 회장은 특유의 유머감각과 재치로 주주들과의 대화를 이끌어 나갔으며, 세계 경제와 금융시장 전반에 대한 질문이 나올 때에는 날카로운 분석과 통찰력으로 주주들의 궁금증을 풀어 주었다.

질의응답 시간이 반쯤 지났을 무렵, 어린 소녀가 장내 마이크 앞으로 다가가 버핏 회장에게 질문을 던졌다. 앳된 목소리가 대강당 안에 울려 퍼지자 사방은 순간 조용해졌다.

세계 경제와 환율, 금융상품 등 딱딱한 주제 투성이였던 질의응답 시간에 어린 소녀의 낭랑한 목소리가 들려오자 대강당 안은 일순간 조용해졌고, 꼬마 아이가 '무슨 질문을 던질까?' 하며 모두가 호기심 어린 눈으로 바라보았다. 어른들의 질문에는 거칠 것 없이 대답을 해 나가던 버핏 회장도 어린 소녀의 질문 앞에서는 다소 긴장하는 듯 했다.

"안녕하세요, 버핏 회장님. 저는 미국 캔터키Kentucky주에서 부모님과 함께 왔어요. 올해 10살이에요. 어떻게 하면 회장님처럼 큰 부자가 될 수 있나요? 좀 가르쳐 주세요."

어린 소녀가 질문을 마치자마자 대강당 안은 웃음바다가 되었다. 꼬마 소녀가 '무슨 말을 할까?' 숨을 죽였던 어른들은 '돈 버는 기술을 가르쳐 달라'는 꼬마 아이의 당돌한 질문에 일제히 박수를 치며 웃음보를 터뜨렸다.

버핏 회장도 그의 트레이드마크인 검은 뿔테 안경을 한번 쓸어 올리며 얼굴에 미소를 지어보였다. 꽤나 재미있는 질문이라는 표정이었다.

하지만 버핏 회장은 어린 소녀의 대담하고 용기 있는 행동에 큰 박수를 보냈다. 3만여 명의 사람들, 6만 개의 시선이 집중되는 상황에서 어린 소녀는 당당하게 무대 중앙으로 걸어나갔고, 두려움이나 머뭇거림 없이 또박또박 자신이 궁금해 했던 내용을 물었던 것이다.

보통 사람들은 무대 공포증 때문에 많은 관객이나 손님들 앞에 서면 심장이 두근거리고, 다리가 부들부들 떨리고, 말을 제대로 못하는 경우가 많다. 버핏 회장은 무대 공포증을 떨쳐내고 용기 있게 자신의 의견을 말한 어린 소녀가 대견하다는 표정을 보였다.

버핏 회장이 껄껄껄 웃으며 책상 위에 놓인 마이크를 앞으로 끌어당기며 답을 했다.

"어릴 때부터 돈을 버는 데 관심을 가지는 게 좋아요. 어린 소녀처럼 말이죠. 고등학생 때부터는 다른 사람들이 가지고 있는 돈을 어떻게 하면 나의 주머니로 들어오게 할 수 있을까 궁리하고 연구해야 합니다. 지금은 어리니까 부모님과 돈을 벌 수 있는 방법에 대해 꾸준히 의논해 보도록 하세요."

대답은 짤막했지만 돈과 부에 대한 버핏 회장의 생각이 간결하게 표현된 것이었다. 버핏 회장의 오른쪽 옆 자리에서 꼬마 소녀와 버핏 회장의 대화를 묵묵히 듣고 있던 멍고 부회장도 "다른 사람들이 자신을 믿게 행동해야 합니다"라며 보충 설명을 했다.

여러분은 버핏 회장과 멍고 부회장의 답변을 통해 어떤 것을 느끼고 배웠는가.

/ 경제와 투자에 관심을 기울여라 /

세계 최고의 부자인 버핏 회장은 "돈은 어른이 되어서 버는 것이 아니라 어릴 때부터 관심을 가져야 한다"며 결국 돈을 버는 것은 어릴 때부터의 습관이라고 강조한다.

버핏 회장은 꼬마 소녀의 질문에 "공부나 열심히 하세요" "어릴 때부터 돈을 밝혀서는 안돼요" "먼저 좋은 대학에 들어가세요" "대기업에 들어가면 돈을 벌 수 있어요" 등과 같이 한국 부모들이 해줄 법한 대답을 전혀 하지 않았다. 오히려 정반대로 답변을 했다.

버핏 회장의 대답을 듣고 있자니 자꾸만 한국 청소년들의 경제교육 현실이 눈앞에 아른거렸다. 찬바람이 부는 새벽에 학교에 나가 밤하늘

별을 보고 집에 들어오고, 공부 이외에 다른 생각을 하는 것은 사치에 불과한 것이 한국의 현실이다.

금융·경제교육을 받거나 자기 손으로 돈을 모을 궁리를 하는 것은 상상하기 힘들고, 영어단어 하나, 수학공식 하나를 더 외우려고 갖은 애를 쓴다. 아이들의 관심은 어떻게 해서든지 내신 성적을 올리고 시험성적을 한 단계 올리는 데 맞추어져 있다. 대학에 들어가는 19살까지 한국 아이들은 그렇게 힘든 학창시절을 보내고 젊음을 불태운다.

대학에 들어가서도 사정은 마찬가지이다. 1년간은 공부에서 해방된 기쁨을 만끽하지만 그것도 잠시, 직장에 들어가기 위해 취업 준비를 해야 한다. 삼성전자, 현대자동차, 국민은행 등 대기업에 취업하는 것이 가장 큰 인생의 목표가 되었고, 나만의 방식으로 돈을 벌어 보겠다는 생각을 가져 보는 것은 몇몇 특이한 학생들의 돌출 행동으로 여겨질 뿐이다.

한국 사회에서 청소년들이 돈을 버는 것은 풍차를 향해 긴 창을 들고 돌진하는 돈키호테처럼 이상하게 인식되는 것이 엄연한 현실이다.

서울의 유명대학을 졸업하고 해외유학까지 마치고 한국에 돌아왔지만 직장을 구하지 못해 백수 신세로 허송세월만 보내고 있는 젊은이들의 일그러진 자화상과 신세 한탄이 신문지면과 방송TV를 장식하고 있다.

물론 인생에서 '공부'는 중요하다. 열심히 학문을 닦고 자신이 세운 목표를 향해 자기 자신을 계발하는 것은 더없이 귀하고 소중한 일이다. 하지만 80살 평생을 살아가는 우리의 인생에는 하나의 길만이 놓여 있는 것이 아니다. 7가지 색깔이 어우러져 아름다운 무지개를 만들듯이 우리의 재능과 자질도 각각 다른 색채와 색깔을 가지고 있다.

경제와 금융, 돈에 대한 관심도 마찬가지이다. 남들이 외면하면 할수록 더 큰 기회와 찬스가 주어지는 것이다.

내 친구들 중에는 유명 대학을 졸업하고 변호사가 되기 위해 사법고시를 준비하는 친구와 고등학교까지만 졸업하고 사업을 하는 친구가 있다.

변호사를 꿈꾸는 친구는 대학을 졸업하고 10년 이상 사법시험에 매달리고 있지만 번번이 낙방의 고배를 마셨다. 지금은 실패와 좌절, 의욕상실에 하루하루를 괴로워하고 있다. 반면 고등학교까지만 졸업한 친구는 자신의 적성에 맞게 일찌감치 장사와 비즈니스 감각을 익혀 지금은 대형 빌딩을 가지고 있을 정도로 동네에서 알아주는 부자가 되었다.

마흔을 앞둔 두 친구의 모습을 비교해 보면 우리의 자질을 어떻게 계발하고, 어떠한 삶을 살아야 하는지 답을 찾을 수 있을 것 같다. 인생은 결코 외다리 나무를 건너야 하는 시합이 아니다.

경제상식과 투자에 관심을 기울여라. 빠르면 빠를수록 좋다. 물론 인생에 돈과 부가 전부는 아니다. 물질적인 욕심에 사로잡히거나 돈의 노예가 되어 가족도 잃고 친구도 잃는 어리석은 사람들을 종종 보게 된다. 하지만 풍족하고 여유로운 일생을 보장하는데 가장 큰 힘이 되는 것이 부이다. 부는 자신을 풍요롭게 할 뿐 아니라 다른 사람들에게도 물질적인 도움을 줄 수 있는 수단이 된다.

서른이 넘어 회사에 취직하고 나서 돈을 모으는 것이 아니라 젊어서부터 항상 돈을 모으고 불릴 수 있는 방법을 고민하도록 해야 한다.

8. 부모만큼 훌륭한
스승은 없다

자녀교육
Children's Education

/ 남을 앞서기보다는 남과 다르게 /

버핏 회장에게는 수지, 하워드, 피터라는 세 명의 자녀가 있다. 이들은 버크서 해서웨이 주주총회가 열리는 기간에 아버지 버핏과 함께 참석해 주주들에게 인사를 건넨다. 버핏 회장처럼 모두 덩치가 크고, 약간 포동포동한 둥근 얼굴을 하고 있고, 상대방에게 인사를 먼전 건넬 정도로 다정다감하다. 갑부의 자녀라고 다른 사람들 앞에서 거들먹거리거나 뽐내지 않고 겸손하다.

버핏은 자녀들에게 '남을 앞서기보다는 남과 다르게 되어라' 라고 가르쳐왔다. 인생에서 항상 1등을 할 수는 없다. 하루하루를 열심히 살아야 하겠지만 꼭 1등이 되어야 한다는 강박관념에 사로잡혀서는 안된다. 노력의 결과 1등이 되면 다행이고, 그렇지 않더라도 실망할 필요는 없다. 하지만 남과 다르게 살 필요는 있다. 남들이 가는 길을 선택하지 않고 자신이 하고 싶은 것, 자신이 잘할 수 있는 분야를 일찍 발견해 그 방향으로 매진하는 것이 인생을 한층 풍부하게 한다.

버핏은 둘째 아들 피터가 자신을 따라서 금융인이 되기를 원했다. 그래서 버핏은 자신이 배우고 익힌 투자 노하우를 피터에게 전수하면 뛰어난 투자가가 될 수 있을 것이라고 피터를 설득했지만 피터는 이에 응하지 않았다. 버핏은 자신의 생각을 자녀들에게 강요하거나 고집하지 않았다. 아들의 선택과 미래를 이해하고 존중했다.

피터는 아버지와 다른 삶을 살겠다는 뜻을 굳히고 아버지에게 이 같은 결심을 알렸다. 어릴 때부터 음악에 관심이 많았던 피터는 상업용 음악으로 시작해 앨범을 발표하고 지금은 영화음악 작곡가로서 왕성하게 활동하고 있다.

2010년 피터는 '콘서트와의 대화'라는 주제로 순회공연을 하기도 했다. 피아노를 연주하면서 청중들에게 자신의 인생 이야기를 들려주고, 소비문화와 환경파괴를 경고하는 메시지를 전하고 있다. 아버지처럼 자선재단을 통해 기부와 봉사활동에도 적극적이다.

"아버지가 우리 형제들에게 물려준 것은 재물이나 돈이 아니다. 아버지는 우리 형제들에게 '너희가 정말 하고 싶은 것을 하라'는 가르침을 남겨주셨다."

피터의 설명이다.

피터는 어린 시절 주위사람들로부터 "너는 은숟가락을 물고 태어났다"는 얘기를 곧잘 들었다. 하지만 버핏은 피터에게 "너는 은숟가락을 물고 태어난 것이 아니라 은장도를 차고 태어났다"고 가르쳤다. 어마어마한 돈과 재물이 오히려 자녀들을 망칠 수 있다는 점을 경고한 것이다.

피터는 자신의 책 『당신의 인생은 당신이 만든다 Life is what you make it 』에서 다음과 같이 회고하고 있다.

"아버지가 부자였기 때문에 나는 젊은 시절 많은 방황을 했다. 물질적으로는 너무나 풍요했기 때문에 정신적인 방황이 많았다. 원하기만 하면 무엇이든 가질 수 있다는 것, 그것이야말로 언제든지 나를 파멸시킬 수 있는 위험한 것이다. 그 유혹은 다양한 형태로 나에게 다가왔다. 사람들의 유혹은 나에게는 마치 재앙과 같았다."

정신적인 방황에 고민하던 피터는 인생의 의미를 음악에서 찾았다. 피터는 샌프란시스코의 작은 원룸으로 옮겨 지역 TV채널에 무료작곡을 해주면서 스스로 인생을 개척해 나갔다.

훗날 피터는 다음과 같이 말했다.

"나는 부자 아빠를 둔 아들이 아니라 나 자신이 되기 위해 노력했고 스스로 인생의 의미와 가치를 찾으려고 애썼다. 인생의 의미는 돈이나 명성, 재물 같은 것에 있는 것이 아니다. 나는 성장하면서 내가 정말로 즐기고 사랑하는 것을 찾는 데 가치를 두었다. 돈이 나를 찾아올 때도 있고 떠나갈 때도 있지만 그것에 매달려서는 안된다. 우리에게 가장 큰 보람과 보답을 주는 것은 인생의 참된 가치를 추구하고 그 길을 떠나지 않는 것이다. 부나 명예를 쫓는 것이 아니라 자신이 원하는 일에 열정을 쏟아야 한다. 부유한 환경에서 태어난 자녀를 제대로 교육하지 않으면 자녀는 풍요의 노예가 되어 큰 해를 입을 수 있다. 이것이 내가 아버지로부터 배운 가르침이다.”

　피터처럼 수지와 하워드도 자신만의 삶을 개척하고 있다. 버크서 해서웨이 경영을 물려받는 수업 따위는 받지 않는다. 자신들이 잘하는 분야, 자신들이 하고 싶은 분야에서 일하고 있다. 아버지가 회사 CEO라고 해서, 세계적인 갑부라고 해서, 낙하산 인사처럼 버크서 해서웨이에 무임승차하는 일은 없다.

/ 선장이 우선, 그 다음이 배 /

　스웨덴을 대표하는 부자인 발렌베리 가문이 소중하게 여기는 원칙 중에 ‘선장이 우선, 그 다음이 배’ 라는 말이 있다. 배는 집이요 재산이다. 선장은 아들이요 자녀들이다. ‘자식들에게 아무리 많은 돈이나 좋은 집을 준다고 하더라도 자식들이 제대로 관리하지 못하면 말짱 헛일이 되고 만다’ 는 뜻을 담고 있다. 좋은 차를 사주고 대저택을 선물하기보다는 자녀들이 훌륭한 인재가 될 수 있도록 가르치고 교육하는 것이 더욱 중요하다는 메시지를 담고 있다.

　발렌베리 가문은 철저하게 후손들을 교육시키고 여기서 능력을 인정받고 자질을 검증받은 사람들만 뽑아 경영자로 키운다. 사사로운 정에 이끌리는 것을 차단하고 철저하게 ‘적자생존’ 의 원칙을 고수한다.

　발렌베리 가문 창시자인 앙드레는 아이들을 강하게 키웠다. 절벽에서 새끼들을 절벽으로 떨어뜨리는 어미 독수리의 심정으로 자녀들을 교육시켰다.

장남인 크누트와 아들 마쿠스는 해군사관학교에 보냈다. 엄격한 규율과 집단생활을 통해 어려움에 봉착했을 때 헤쳐나갈 수 있는 힘과 능력을 기를 수 있기 때문이다. 그리고 아들이라고 하더라도 경쟁을 시켜 능력 있고 자격이 있는 자를 경영에 참여시켰다. 능력도 없는데 아들이라는 명분으로 경영에 참여시키면 회사는 망하게 될 것이라고 생각했다. 크누트와 마쿠스는 발렌베리 가문 2세대 중 가장 뛰어난 2명이었다.

발렌베리 가문에는 '존재하지만 드러내지 않는다Essen non viden' 라는 가훈이 있다. 자신이 맡은 임무를 최선을 다해 수행하되 결코 이름을 드러내어서는 안된다는 것이다. 동양에서 말하는 '겸손의 미덕' 이라고 할 수 있다. 한국 사람들이 발렌베리 가문에 대해 잘 모르는 것도 이 때문이다.

1차 세계대전이 터졌을 때 크누트는 스웨덴의 외무장관이었다. 당시 독일 동맹국과 영국 연합군 사이에서 스웨덴은 중립을 유지하고 있었다. 하지만 영국이 독일을 견제하기 위해 스웨덴에 해상봉쇄 조치를 내리면서 스웨덴 경제는 혼란에 빠져들기 시작했다. 스웨덴 상류계층 사이에서는 친독일 성향이 강했지만 크누트는 이 문제를 해결하기 위해 영국 협상단을 만났고 결국 영국과의 불편했던 관계를 해소시켰다. 1차 세계대전이 연합국의 승리로 끝나면서 스웨덴은 평화를 만끽하게 되었고 스웨덴 경제와 발렌베리 가문은 다시 전성기를 누리게 되었다. 스웨덴 상류계층 사이에서는 독일 대신 영국 편을 든 크누트의 외교정책에 강한 불만을 토로하며 성토하기도 했지만 발렌베리 가문은 현실적인 선택을 했다. 그리고 그 성과에 대해서는 애써 자랑하거나 내세우지 않았다. 발렌베리 가훈을 따라 존재하지만 드러내지 않았던 것이다.

발렌베리 가문은 자녀들에게 가족의 중요성을 강조했다. 가족 간의 우애와 화합을 역설했다. 발렌베리 가문의 가계도를 살펴보면 '마쿠스'와 '야콥'이라는 이름을 가진 인물들이 자주 등장한다. 적어도 각 세대마다 한 명의 마쿠스와 한 명의 야콥을 발견하게 된다. 이는 후손들에게 선조와의 유대감을 단단히 하는 것은 물론 발렌베리 가문의 명예를 존중하기 위해 일부러 이름을 그렇게 지었기 때문이다. 선조와 같은 이름을 가진 후손이 명예롭지 못한 일을 할 경우에는 양심의 가책을 느끼게 된다고 판단했다.

발렌베리 가문은 현재 인베스터와 SEB를 통해 14개에 달하는 자회사를 경영하고 있다. 인베스터는 지주회사로 에릭슨 등 11개의 기업을 거느리고 있으며 SEB는 금융회사를 총괄한다. 오늘날 발렌베리 5세대 자녀들 중 야콥이 인베스터 회장직을 맡고 있고, 마쿠스가 SEB 회장을 맡아 금융 분야에 전념하고 있다. 5세대 자손들의 이름도 선조에게서 따온 것이다. 발렌베리 가문은 전통적으로 항상 2명의 리더를 둠으로써 독단과 독선을 견제하도록 한다. 한 명이 의사결정을 내릴 경우 판단이 잘못되면 모두 망하게 된다. 가족 구성원 중 한 명은 제조 기업을 맡고, 한 명은 금융 분야를 책임지면서 견제와 균형을 이루도록 한다. 물론 2명의 리더는 다른 가족 구성원과 치열한 경쟁을 통해 능력을 검증받은 사람이 선택된 것이다.

발렌베리 가문이 5세대에 걸쳐 150년 이상 부와 성공을 유지하고 있는 것은 철저하고 치밀한 자녀교육 때문이다.

먼저 국제적인 시각을 길러 준다. 유럽은 물론 미국 굴지의 대학으로 자녀들을 유학시켜 세상이 돌아가는 이치를 일깨워준다. 인구 900만 명의 좁은 스웨덴을 벗어나 글로벌 경제가 어떻게 돌아가고, 국제사회가 어떻게 움직이는지 직접 체험하도록 한다. 또 세계 금융의 중심지인 뉴욕, 런던, 파리 등지로 보내 씨티은행, 모건스탠리 등과 같은 해외은행에서 경험을 쌓게 한다.

다음으로 발렌베리 가문의 남자들은 대부분 스웨덴 해군사관학교에 들어간다. 거친 바다를 항해하면서 어려움에 봉착했을 때 해결할 수 있는 용기를 심어 주고, 집단생활을 통해 지도자로서 성장할 수 있는 발판을 마련해 주는 것이다. 사회 지도자들과 부자들이 아들을 군대에 보내지 않으려고 무던히도 애를 쓰는 한국과는 많은 차이가 있다. 부자는 3대를 넘기기 힘들다는 말과 달리 발렌베리 가문이 150년간 승승장구하고 있는 것도 이처럼 철저하게 자녀교육을 하고 있기 때문이다.

/ 베풀면 베풀수록 돌아온다 /

발렌베리 가문은 노블리스 오블리제 noblesse oblige를 실천하는 것으로 유명하다. 사회 고위층 인사에게 요구되는 높은 수준의 도덕적 의무를 세대를 이어가며 실행하고 있는 것이다.

스웨덴은 기업에게 부과하는 법인세가 아주 높다. 그래서 스웨덴을 대표하는 기업들도 본사를 스웨덴에서 해외로 이전시키고 있다. 법인세를 적게 내기 위해서이다. 하지만 발렌베리 가문은 본사를 해외로 이

전시키지 않고 스웨덴에서 기업 활동을 하고 있다. 오늘날 발렌베리 가문이 있기까지는 스웨덴 국민들의 도움과 지원이 있었기 때문이라고 판단해 법인세 납부를 통해 사회에 기여를 하고 있는 것이다. 발렌베리 가문이 수많은 대기업을 경영하면서도 국민들로부터 지탄이 아니라 사랑을 받는 것은 바로 '노블리스 오블리제' 정신을 실천하고 있기 때문이다.

발렌베리 가문은 '인베스터'라는 지주회사를 통해 여러 개의 자회사를 거느리고 있다. 그리고 발렌베리 재단이 인베스터의 주요 주주로 활동하고 있다. 자회사들이 매년 거두어들이는 수익은 인베스터라는 지주회사로 모아지고 이는 다시 발렌베리 재단으로 넘어간다. 발렌베리 가문이 기업 활동을 통해 번 돈은 모두 발렌베리 재단으로 모이는 것이다.

발렌베리 재단은 기업 활동을 통해 모아진 돈을 사적으로 사용하지 않고 공익목적을 위해 기부한다. 스웨덴 과학기술연구의 최대 민간 후원자 역할을 하고 있는가 하면 북유럽 최초의 경제대학인 스톡홀름경제대학의 창립을 주도하기도 했다. 기초과학 분야의 스웨덴 노벨상 수상자 대부분이 발렌베리 재단의 도움으로 초기연구를 시작한 과학자들이다.

한국의 일부 부도덕한 대기업들과 발렌베리 가문을 비교해 보면 어떨까. 부도덕한 대기업들은 자녀들에게 경영권을 넘겨주기 위해 불법을 자행하거나 주주들의 이익을 훼손하는 경우가 많다. 회사수익을 빼돌려 비자금을 만들고 사과상자로 위장시켜 정치권에 로비하는 행태를 보이기도 한다.

하지만 발렌베리 가문은 철저하게 회사이익을 재단으로 모아 사회를 위해 사용하고 있다. '베풀면 베풀수록 돌아온다' 는 삶의 원칙을 발렌베리 가문은 대를 이어가면서 보여주고 있다.

/ 자녀교육 10계명 /

자녀교육을 얘기할 때 로스차일드 가문을 빼놓을 수 없다. 로스차일드 가문은 단결을 중시한다. 특히 가족 구성원들의 단결과 협동을 강조한다. 가족들이 서로 질투하고, 시기해서는 발전이 없다. 로스차일드는 임종을 앞두고 아들을 불러 모았다. 그리고 화살 5개를 보여주었다. 로스차일드는 '구약성서' 에 나오는 '화살다발의 힘' 이야기를 아들들에게 들려주었던 것이다.

로스차일드는 화살 한 개를 장남 암셀에게 건네며 부러뜨려 보라고 했다. 쉽게 뚝 부러졌다. 로스차일드는 화살 5개를 묶어 다발을 만들어 암셀에게 부러뜨려 보라고 했다. 암셀은 안간힘을 썼지만 화살은 부러지지 않았다. 다섯 아들들이 번갈아가며 화살다발을 부러뜨려 보려고 했지만 헛수고였다.

하나의 화살은 쉽게 부러지지만 여러 개를 모아서 다발을 만들면 부러뜨리기가 힘들다. 1대 로스차일드는 다섯 아들에게 이와 같은 가르침을 전했다. 2대 로스차일드인 다섯 명의 아들들은 고난의 시기와 맞닥뜨릴 때마다 단결과 협동으로 어려움을 극복해 나갔다. 로스차일드 가

문은 다섯 개의 화살을 움켜쥐고 있는 손을 가문의
문장으로 사용하고 있다.

　후손들에게 단결이 얼마나 중요한 가치를 가지
는 덕목인지 가훈으로 전해 주고 있는 것이다. 로
스차일드 가문이 오늘날까지 270년 가까이 세계 금융시장을 지배하고
있는 것은 바로 '가족의 단결'이 밑받침되고 있기 때문이다.

　나폴레옹의 프랑스 군대와 프랑스에 대항하는 연합군 군대가 벨기
에 워털루에서 생사를 결정하는 최후의 전투를 벌일 때의 일이다.

　로스차일드는 다섯 아들을 유럽 각지로 파견해 사업을 확장했다. 장
남 암셸은 독일의 프랑크푸르트, 2남 살로몬은 오스트리아의 비엔나,
3남 네이선은 영국의 런던, 4남 칼은 이탈리아의 나폴리, 5남 제임스는
프랑스의 파리를 담당했다. 5각 편대를 구축하며 사업영역을 확대하고
있었다.

　유럽 채권투자자들의 이목이 워털루 전투의 결과에 쏠렸다. 연합군
주축인 영국이 전쟁에서 승리하면 영국 국채가격이 급등할 것이었고,
반대로 나폴레옹 프랑스 군대가 승리하면 프랑스 국채가격이 천정부지
로 치솟을 게 뻔했다. 채권투자자들은 어느 나라의 채권을 사야 할 것인
지 전쟁결과에 주목하고 있었다. 승자를 먼저 아는 사람이 큰돈을 벌 수
있는 상황이었다. 영국을 담당하고 있었던 네이선은 프랑스를 맡고 있
던 제이슨으로부터 나폴레옹 군대가 전쟁에서 패배했다는 전보를 받았
다. 영국의 다른 투자자들은 전쟁 결과를 모르고 여전히 갈팡질팡하고
있었다.

네이선은 영국 런던증권소로 걸어 들어갔다. 다른 투자자들의 눈이 네이선에게 쏠렸다. 네이선이 워털루 전쟁에 대해 뭔가 낌새를 알아냈다는 신호로 해석하고, 네이선을 따라 채권매매를 할 태세였다.

네이선은 영국 공채를 파는 주문을 냈다. 영국 군대가 승리했다는 것을 미리 알았지만 반대로 영국 공채를 매도하는 주문을 냈다. 한동안 네이선의 행동을 지켜보던 투자자들도 덩달아 영국 공채를 처분하기 시작했다. 영국 공채가격은 추풍낙엽처럼 떨어졌다. 투매사태가 일어났다. 사람들은 로스차일드 가문이 영국 공채를 매각하는 것을 보고 영국 군대가 패배했다고 확신했던 것이다. 100파운드에 달했던 영국 공채가격은 5파운드까지 떨어졌다.

형제 간의 협력은 대단한 위력을 발휘했다. 영국 공채가격이 하락을 거듭하고 있는 동안 네이선은 대리인을 시켜 영국 공채를 헐값에 다시 사들이고 있었던 것이다. 다른 사람들은 네이선이 결국 영국 공채를 다시 사고 있다는 사실을 전혀 모르고 있었다.

다음날 아침 런던의 신문들은 프랑스의 나폴레옹 군대가 대패했다는 뉴스를 전했다. 영국이 승리한 것이다. 이후 곤두박질쳤던 영국 공채가격은 다시 하늘 높은 줄 모르고 치솟기 시작했다. 영국 공채를 팔았던 투자자들이 다시 사들이느라 정신이 없었고 다른 투자자들도 영국 공채를 매입했다. 로스차일드 가문은 영국 공채 투자로 엄청난 돈을 벌게 되었다.

후세 사람들은 이를 가리켜 로스차일드 가문이 워털루 전투를 이용해 투기를 했다며 곱지 않은 시선을 보내기도 하지만 이것도 형제 간의 협동이 없었다면 불가능한 일이었다.

13세기 몽고제국을 건국해 세계를 호령했던 칭기즈칸도 죽음을 앞두고 후손들에게 화살다발 이야기를 들려주었다. 1대 로스차일드가 다섯 명의 아들들에게 화살을 부러뜨려 보라고 했던 것처럼, 칭기즈칸도 아들들에게 화살을 꺾어 보라고 했다. 가족의 단결이 얼마나 중요한 것인지를 보여주기 위해서였다. 현대 지도로 보면 몽고제국이 정복한 땅은 30개국이며 인구로는 30억 명을 넘는다. 후손들이 영토를 분배해 서로 단결하면서 세계경영을 한 덕분이다.

버핏 회장과 발렌베리 가문, 로스차일드 가문은 자녀교육에 무엇보다 철저했다. 돈은 잃으면 다시 벌면 되지만, 자녀들이 빗나가면 그 가문은 망하고 만다. 소질도 없고, 관심도 없는 분야에 매달리기보다는 자신이 잘할 수 있는 분야에 열중하라는 버핏 회장의 가르침을 음미해보는 것은 어떨까. 그리고 이 가르침을 자녀교육에 활용해 보면 어떨까.

총칼과 대포로 무장한 유럽 문명에 정복되기 이전에 아메리카 대륙을 경영했던 아메리칸 인디언. 그들은 다음과 같은 자녀교육 10계명을 실천했다고 한다.

1. 비판 속에서 자란 아이는 비난을 배웁니다.
2. 적대감 속에서 자란 아이는 싸움을 배웁니다.
3. 놀림 속에서 자란 아이는 부끄러움을 배웁니다.
4. 수치심 속에서 자란 아이는 죄책감을 배웁니다.
5. 관대함 속에서 자란 아이는 참을성을 배웁니다.

6. 격려 속에서 자란 아이는 자신감을 배웁니다.

7. 칭찬 속에서 자란 아이는 고마움을 배웁니다.

8. 공명정대함 속에서 자란 아이는 정의를 배웁니다.

9. 인정받으면서 자란 아이는 자신을 소중히 여깁니다.

10. 사랑 속에서 자란 아이는 세상에서 사랑을 발견합니다.

Chapter 3

Feel

;영혼까지 감동시켜라

1. 가난은 수치가 아니지만, 명예도 아니다

극복
Overcome

/ 직장에서 쫓겨난 실업자 아버지 /

워렌 버핏은 1930년 8월 30일 미국 중서부에 있는 네브래스카 주의 오마하라는 작은 마을에서 태어났다. 제대로 된 빌딩 하나 없는 시골 마을이었다. 워렌 버핏은 아버지 하워드 버핏과 어머니 라일라 사이에서 누나인 도리스에 이어 둘째로 세상에 나왔다.

오마하 서쪽에는 미주리 강이 남북으로 흐르고 있으며, '오마하'는 '강의 상류에 사는 사람들'이라는 뜻을 가지고 있다. 지금은 워렌 버핏이 회장으로 있는 버크셔 해서웨이같은 세계적인 기업이 들어설 정도로 중소도시로 발전했지만, 1930년대만 하더라도 농축산물 거래를 생업으로 하는 사람들이 대부분이었다.

1930년은 미국 경제가 가장 불행하고 가난한 시절이었다. 1929년의

'경제 대공황Great Depression'이 이어진 때였다. 경기 불황이 지속되면서 직장을 잃고 길거리에서 식량을 구걸하는 걸인들이 속출했고, 가정을 꾸릴 수 없어 자살하는 사람들이 잇따랐다. 미국 노동자의 30%가량이 직장을 잃고 실업자 신세로 전락했을 정도였다. 1950년 한국전쟁을 겪은 한국의 경제 사정과 별반 차이가 없었다.

세계 금융의 중심지인 뉴욕 월스트리트Wall Street에서 촉발된 금융위기가 미국 전체로 확산되면서 농업 중심의 시골마을 오마하도 직격탄을 맞았다. 일자리를 잃은 마을 사람들은 새로운 직장을 찾아 다른 마을로 옮겨가야 했고, 남은 사람들은 하루하루 생계를 이어가기도 힘든 나날을 보냈다.

워렌 버핏의 집도 사정은 마찬가지였다. 워렌 버핏의 아버지인 하워드 버핏은 당시 증권사 브로커로 일하고 있었다. 주식시장이 연일 폭락하고 증권사들이 사람들을 해고하면서 버핏의 아버지도 직장에서 쫓겨나고 말았다.

워렌 버핏의 돌잔치를 1주일 정도 남겨 놓고 일어난 일이었다. 어린 버핏이 1살쯤 되었을 때 아버지는 실업자 신세로 전락한 것이다. 아버지는 새 직장을 찾아 백방으로 뛰어 다녔지만 허사로 끝나고 말았고, 운이 좋아 임시 직장을 구한다고 하더라도 수입은 가정을 꾸리기에는 턱없이 부족했다.

워렌 버핏이 세계적인 부자가 된 지금, 사치를 멀리하고 절약하는 습관을 몸에 지니고 있는 것은 아마 어린 시절의 가난했던 고통과 어려움이 큰 영향을 끼쳤을 것이다.

학교생활을 시작한 어린 버핏은 신문배달을 했다. 부모님께 용돈을 달라고 손을 벌리는 것은 사치라고 생각했다. 온 동네가 잠들어 있는 이른 새벽, 버핏은 일찍 일어나 신문을 돌렸다. 온 몸이 차가웠지만 입김으로 두 손을 불어가면서 몸을 녹였고, 신문을 돌리고 나면 신문의 검은 잉크 때문에 양손이 까맣게 변했다.

어린 버핏은 '나는 왜 가난한 집에서 태어났을까?' '우리는 왜 부자 도시 뉴욕에서 살지 못할까?' '우리는 왜 이렇게 무능할까?' 라고 자신의 신세를 한탄하지 않았다.

어린 버핏은 남의 집 대문 너머로 신문을 넣을 때마다 '내게는 희망이 있고 반드시 성공할 수 있는 기회가 올 것이다' 며 자신을 다독였다. 결코 가난이 자신의 성공을 가로막는 장애물이 될 수 없다는 신념을 되새기며 두 주먹을 불끈 쥐었다.

/ 신문팔이 소년이 신문사 대주주가 되다 /

어린 버핏이 배달한 신문은 세계적인 신문인 「워싱턴 포스트」였다. 「워싱턴 포스트」 독자가 구독을 취소하면 경쟁관계에 있는 신문구독을 권유하며 신문배달 부수를 늘려 나갔다. 그는 타고난 장사꾼이었다. 아니, 자신이 맡고 있는 일과 분야에서는 최고가 되고야 말겠다는 의지로 똘똘 뭉쳐 있었다.

「워싱턴 포스트」는 미국을 대표하는 일간 신문이다. 「뉴욕타임스New York Times」에 버금가는 미국 최고의 신문으로 1877년 설립돼 130년의 역사를 자랑한다. 그럼 지금 워싱턴 포스트의 주주이자 주인은 누구일까?
바로 워렌 버핏이다.

옛날 어려웠던 시절 「워싱턴 포스트」 신문을 배달했던 어린 버핏이
지금은 이 신문사의 주인이 되어 있다. 그 옛날 꽁꽁 언 손을 입김으로
불어가며 신문을 돌렸던 아이가 그 신문사의 최대주주가 되어 있는 것
이다.

워렌 버핏은 43살이던 1973년 「워싱턴 포스트」 지분 10%를 1,000만
달러에 사들였다. 당시 「워싱턴 포스트」의 주인이었던 캐서린 그레이
엄 여사를 설득해 「워싱턴 포스트」의 가치를 더욱 높여 주겠다는 약속
을 했다.

「워싱턴 포스트」의 경영진들은 캐서린 그레이엄 여사에게 버핏은 아
직까지 검증이 되지 않았고, 회사를 어떻게 운영할지 모르기 때문에 버
핏 회장과 손을 잡아서는 안된다고 만류했다.

하지만 버핏 회장은 이에 굴하지 않고 캐서린 그레이엄 여사를 만나
자신의 비전과 경영 철학을 밝히며 협력해 나갈 것을 권유했다. 결정을
망설였던 캐서린 그레이엄 여사도 버핏 회장의 진정성과 비전을 확인
하고 결국 지분의 일정 부분을 팔기로 마음을 굳히게 되었다.

「워싱턴 포스트」를 배달했던 어린 소년이 세계적인 정론지인 「워싱
턴 포스트」의 주주가 되는 순간이었다.

버핏 회장은 이 글을 읽는 독자들에게 가난을 탓하지 말라고 가르친
다. 집이 가난하다고 꿈까지 가난할 수는 없다고 몸으로 보여주고 있다.
독자들 중에는 '우리 집은 너무 가난해' '나는 아무것도 할 수 없어'

'나는 세상을 잘못 타고 났어' '내가 부잣집에서 태어났더라면' 하고 자신의 신세를 한탄하는 사람들도 있을 것이다.

이와 같은 생각을 하면 할수록 점점 더 비관적인 사고방식에 빠져들게 된다. 미래의 발전을 위해 전혀 도움이 안되는 체념이며 한숨일 뿐이다.

가난이나 불행이 여러분의 성공을 가로막는 장애물이 되어서는 안된다. 우리 모두는 장애물을 극복하고 더 좋은 자리로 나아갈 수 있는 능력과 잠재력을 가지고 있다. 자기 자신을 확신하지 않고, 숨겨진 능력을 의심하는데 누가 돕고 지원해 주겠는가.

가난을 탓하기보다는 노력하지 않는 자신의 마음가짐을 탓해야 한다. 집에 돈이 없다는 현실을 한탄하거나 비통해 하지 말고 자기 마음속에 발전하려는 의지가 없다는 것을 개탄해야 한다.

버핏 회장은 추운 겨울 「워싱턴 포스트」 신문을 배달하면서 꼭 성공하고야 말겠다는 의지를 불태웠다. 칼바람 몰아치는 겨울을 이길 수 있었던 것은 버핏 회장의 삶에 대한 뜨거운 열정과 의지가 있었기에 가능했던 것이다.

/ 가난한 자의 아들이여, 스스로 비웃지 마라! /

벤자민 프랭클린은 다음과 같이 가난에 대해 얘기한다.

"가난한 자의 아들이여, 가난하다고 스스로 비웃지 마라! 그대에게는 튼튼한 팔과 다리, 굳센 마음, 무슨 일이든지 꺼리지 않고 할 수 있는 힘이 있다. 가난하기 때문에 그대에게는 참을성이 있고, 적은 것도 고맙게 생각하는 마음이 있다. 가난하기 때문에 슬픔을 가슴에 품고, 끝까지 견디어내는 용기가 있다. 가난하기 때문에 우정이 두터우며, 곤란한 사람을 도울 줄 아는 상냥한 마음씨가 있다. 이러한 것들이 그대의 재산이다. 이러한 재산은 임금님도 자녀들에게 상속하기를 원하는 것임을 알아야 한다. 그대가 가난하기 때문에 얻은 고귀한 재산임을 알아야 한다."

워렌 버핏 회장처럼 어린 시절 가난 때문에 신문을 돌리며 생계를 꾸려야 했던 인물이 있었다. 하지만 그는 지금 세계 최대의 커피 체인점을 운영하는 거물이 되어 있다. 바로 스타벅스의 하워드 슐츠 회장이다.

나는 미국 서북부 시애틀에 있는 스타벅스 1호점을 방문한 적이 있다. 1971년에 오픈한 허름한 매장이다. 마켓 플레이스 마켓 Pike Place Market 이라는 부둣가에 위치해 있다. 시애틀은 정말 스타벅스의 도시였다. 거리 곳곳에 스타벅스 매장이 들어서 있었다. 매장이 이렇게 많으면 경쟁이 치열해 수지타산이 맞을까 하는 생각도 들었다.

시애틀은 비가 많이 내리고 안개가 많이 끼는 도시다. 사람들의 마음이 곧잘 울적해진다. 그래서 사람들은 한 잔의 커피를 마시며 울적한 분위기를 달랜다.

생선냄새가 코를 자극했다. 항구도시의 멋과 맛을 흠뻑 느낄 수 있었다. 세계에서 몰려든 관광객들이 스타벅스 커피를 마시며 위대한 기업이 탄생한 장소를 두리번거렸다. 매장 안에서는 바리스타(커피 전문가)가 커피를 만드느라 정신이 없었다. 스타벅스는 전 세계적으로 1

만 7,000개의 체인점을 가지고 있고, 한국에도 300개 이상의 체인점이 있다.

하워드 슐츠는 1953년 뉴욕 브루클린Brooklyn 빈민촌에서 태어났지만 모험과 도전정신으로 세계 커피시장을 장악했다. 시작은 미미했지만 나중에 창대해진 인물이다. 하워드 슐츠 회장이 승리한 삶을 살고 있는 것은 버핏 회장처럼 온갖 어려움과 가난에 굴복하지 않고 이를 극복했기 때문이다.

3살 때 그의 가족은 할머니 집에서 나와 정부에서 보조금을 받는 공동주택단지인 베이뷰Bayview로 이사를 했다. 그의 부모님은 브루클린의 노동자 출신이었다. 아버지는 학교를 중단하고 10살 때부터 일을 했다. 어머니도 접수원으로 일했다. 그의 부모님은 개미같이 일하는 가난뱅이였다. 아버지는 기저귀를 수거해 운반하는 트럭운전일도 했다. 아버지가 직장에서 발목이 부러지는 사고를 당했을 때에는 수입도 없었고, 의료보험도 없었고 그야말로 의지할 데라고는 한 군데도 없었다.

빚쟁이들이 밤에도 빚을 갚으라고 독촉했다. 아버지는 고등학교도 졸업하지 못했고 가족들을 부양하기 위해 2~3개의 일을 동시에 하기도 했다. 아버지는 집 한 채도 소유하지 못했다. 하워드 슐츠가 한번은 여름에 야영캠프에 참가했었는데 후에 빈민아동을 돕는 프로그램이었다는 것을 알고서는 다시는 야영캠프에 참가하지 않았다. 화가 나고 부끄러웠기 때문이다.

"나는 일찍 일을 해야만 했다. 장남으로 가정의 생계를 책임져야 했다. 12살 때에는 신문배달을 하고, 식당에서 웨이터를 하고, 모피상에서 피혁을 펴는 일도 했다. 궂은일을 많이 하다 보니 나의 손은 친구들의 손보다 거칠었고 보기가 흉했다."

하워드 슐츠의 회고담이다.

"오늘날의 나를 있게 해준 정신적인 스승은 나의 어머니이다. 가난한 집에 시집을 왔지만 어머니는 인동초処冬草처럼 강하고 현명했다. 어머니는 고등학교도 졸업하지 못한 분이었다. 어머니는 침대 곁에서나 식탁에서나 나에게 성공한 인생을 산 훌륭한 인물이나 위인에 대해 얘기를 들려주었다. 어머니의 입에서는 언제나 도전, 변화, 기회, 용기, 희망같은 긍정의 말들이 나왔다. 실패와 좌절, 아픔같은 부정적인 말은 하지 않았다. 어머니는 '긍정의 전도사'였다. 스타벅스를 운영하면서 수많은 고난과 역경에 부딪쳤지만 모두 지혜롭게 헤쳐 나갈 수 있었던 것은 어머니의 가르침과 교훈 때문이었다."

우리 주위에는 가난을 핑계로 현실에 안주해 버리는 나약한 사람들이 많다. 가난은 대물림되는 것이며 절대 깨트릴 수 없다는 피해의식에 사로잡혀 있는 사람들이 있다. 나의 열정과 삶에 대한 의지로 가난의 굴레를 깨트리고야 말겠다는 사고의 전환이 필요하다.

여러분은 여러분이 가진 능력의 10%도 아직 발휘하지 않았다. 나머지 90%는 여러분의 능력 속에 감추어져 있다. 이제 자신이 처한 환경을 탓하지 말고 버핏 회장과 하워드 슐츠 회장이 여러분에게 보여주었던 것처럼 희망과 도전의 날개를 활짝 펼쳐 보여야 한다. 그것이 버핏 회장이 한국 독자들에게 던져 주는 교훈이다.

『플루타르크 영웅전』은 다음과 같이 기술하고 있다.

"가난은 결코 불명예나 치욕으로 여길 것이 아니다. 문제는 그 가난의 원인이다. 나태, 멋대로의 고집, 어리석음. 이 세 가지 중 하나가 가난의 원인이라면 그 가난은 진실로 수치로 여겨야 할 것이다."

2. 혀로만 사랑하지 말고
행동으로 사랑하라

나눔
Sharing

/ 돈을 버는 데는 천재적이지만 쓰는 데는 젬병이다 /

지난 2006년 6월 26일 나는 미국에서 워렌 버핏 회장을 처음 만났다. 뉴욕 맨해튼 53번가에 있는 쉐라톤 호텔에서 버핏 회장이 자본주의 역사의 한 획을 긋는 재산 기부를 발표하는 자리였다. 나는 당시 뉴욕 특파원으로 버핏 회장을 밀착 취재하고 있었다.

버핏 회장의 재산기부 기자회견이 예정된 오후 1시쯤이 되자 CNN, 로이터, 폭스뉴스 등 세계 유수의 방송과 신문사 기자들이 버핏 회장의 발표내용을 취재하기 위해 뜨거운 열기를 뿜어내고 있었다. 검은색 뿔테 안경을 쓴 버핏 회장이 마이크로소프트의 빌 게이츠 회장과 게이츠 회장의 부인 멜린다 게이츠 여사와 함께 입장해 나란히 자리에 앉았다. 역사적인 순간을 카메라 앵글에 담으려고 사진기자들은 연신 카메라 플래시를 터뜨렸다.

버핏 회장이 목청을 가다듬으며 마이크를 앞으로 가져가자 주위는 조용해졌다.

"제가 가지고 있는 재산의 85%인 370억 달러약 35조 원를 빌 게이츠 회장과 부인 멜린다 게이츠 여사가 운영하는 '빌 앤드 멜린다 게이츠 재단'에 기부하려고 합니다. 저는 먼저 사망한 저의 아내 수전과의 약속을 지키기 위해 이 자리에 섰습니다. 그녀와 저는 재산의 사회 환원을 꿈꾸어왔습니다. 오늘은 그 꿈이 현실이 되는 날입니다."

버핏 회장의 재산 사회 환원 발표는 바로 인터넷과 통신을 통해 전 세계에 속보로 타전되었다. 세상 사람들은 버핏 회장을 세상에서 가장 돈을 많이 버는 사람으로 알고 있었는데, 전 재산의 85%인 370억 달러를 가난한 사람과 병자들을 위해 기부한다는 소식을 전해 듣고 깜짝 놀랐다. 370억 달러, 우리 돈으로 35조 원은 얼마만큼 큰돈일까.

한국 경제를 대표하는 삼성전자가 전자제품과 반도체를 팔아 1년간 벌어들이는 순익이 10조 원가량이다. 버핏 회장의 기부금액은 삼성전자 순익의 3배가 넘는 어마어마한 액수이다. 그는 눈 하나 깜짝하지 않고 천문학적인 돈을 사회에 돌려주었다.

버핏 회장의 다음 말이 너무나 아름답다.

"저는 사회로부터 큰 도움과 기쁨을 얻었습니다. 미국 사회가 있었기에 저는 큰 부자가 될 수 있었습니다. 이제는 제가 받은 은혜를 사회에 돌려주어야 할 차례입니다. 저는 당연히 해야 할 일을 하고 있을 뿐입니다. 저는 돈을 버는 데는 천재적인 소질을 가지고 있지만 돈을 제대로 쓰는 방법에 대해서는 젬병입니다. 수년간 '빌 앤드 게이츠 재단'을 지켜보면서 기부금을 가장 잘 운영할 수 있는 단체라고 생각해 기부를 결정하게 되었습니다."

버핏 회장은 돈을 버는 것도 중요하지만 돈을 제대로 쓰는 것이 더 중요하다고 말한다. 돈을 잘 버는 것이 작은 부자라면 평생 동안 애써 모은 돈을 배고프고 아픈 사람, 돈이 없어 교육을 못 받는 사람, 사회에서 소외된 불우한 이웃을 위해 사용하는 사람은 큰 부자이다.

/ 그 동생에 그 누나 /

버핏 회장은 빌 게이츠 마이크로소프트 회장과 같이 기부서약 운동을 주도하고 있다. 2010년 9월에는 중국을 방문해 현지 거부들을 직접 만나 기부운동 동참을 호소했다. 그는 더 좋은 세상을 만들기 위해서는 세계적 거부들이 기부운동에 동참해야 한다고 강조했다. 그는 2011년 3월에 중국에 이어 인도를 빌 게이츠 회장과 함께 방문할 계획이다.

버핏 회장은 미국 내 억만장자들에게 재산의 50% 이상을 기부하자는 기치를 내걸고 2010년 6월 이 운동을 주창했다. 기부 프로젝트를 시작한 지 6주 만에 CNN 창업자 테드 터너, 경제전문 미디어 블룸버그를 이룬 마이클 블룸버그 뉴욕시장 등 40명의 거부와 그 가족들이 재산의 절반 이상을 기부하기로 약속했다. 버핏 회장의 인품과 성품을 알고 이 운동에 동참한 것이다.

어린 시절, 워렌 버핏과 누나인 도리스는 부모님의 가르침을 가슴속에 새기며 '나중에 부자가 되면 꼭 불우한 이웃을 도우며 살고 싶다' 는 소망을 품고 자랐다. 누나 도리스는 워렌 버핏보다 나이가 2살 많다. 올해 버핏 회장의 나이가 80세이니까 누나의 나이는 82세가 된다.

"도리스 누나, 나는 커서 부자가 되면 사회에서 소외된 사람을 돕고 싶어. 엄마도 항상 그렇게 말씀하셨잖아."

"그래, 워렌 버핏. 누나도 그렇게 생각한단다. 우리 열심히 노력해서 나중에 큰 부자가 되면 주위의 불쌍한 사람들을 돕도록 하자."

"좋아, 누나. 틀림없이 내가 누나보다 더 빨리 부자가 될 거야."

누나 도리스는 어린 버핏이 기특하다며 머리를 쓰다듬어 주었다. 수십년의 시간이 흐른 지금, 이들 남매는 어릴 때의 약속을 지키고 있다. 누나 도리스 여사도 워렌 버핏 회장 못지않은 자선사업과 이웃사랑 활동을 펼치고 있다. 세상 사람들은 '피는 못 속인다' 며 이들의 기부활동에 대해 칭찬을 아끼지 않고 있다.

도리스 여사는 어머니에게서 물려받은 재산으로 '선샤인 여성재단'을 설립해 10명의 직원들과 함께 일하고 있다. 미국 북동부에 위치한 메인Maine주의 병원에 병실을 3개 증실하고, 교도소 3곳에 새소사학교를 설립했다. 또 가난한 나라 아프카니스탄의 여성병원에 직원고용을 도와주는 등 열정적으로 자선활동을 펼치고 있다.

도리스 여사는 뉴욕의 가난한 동네 아이들이 돈이 없어 수영장에 가지 못한다는 말을 듣고는 6,100만 원6만 1,000달러을 시당국에 보내 무료수영장을 열도록 도와주었다.

도리스 여사는 「워싱턴 포스트」와의 인터뷰에서 다음과 같이 말했다.

"저는 돈을 불리지도, 자식들에게 물려주지도 않을 겁니다. 제가 자선사업을 하는 것은 세금혜택을 보려는 것도, 천국에 가려는 것도 아닙니다. 자선사업은 제가 마땅히 해야 할 일이며, 저에게 엄청난 즐거움을 주기 때문입니다. 자선의 기쁨을 모르는 삶은 대단히 힘든 삶이 될 것입니다."

정말 '그 누나에 그 동생' 인가 보다. 워렌 버핏 회장과 도리스 여사는 어릴 때 손가락을 걸며 맹세했던 약속을 지켜가며 '남을 위한 삶' 을 살아가고 있는 것이다.

버핏 회장의 재산 기부는 리세스 오블리제Richess Oblige가 무엇인지 우리에게 가르쳐 준다. 사회 지도층의 의무와 도덕을 강조하는 것이 노블레스 오블리제Noblesse Oblige라고 한다면, 사회 지도층 중에서도 부자와 갑부들의 사회적인 의무와 도덕을 지칭하는 것이 리세스 오블리제이다.

/ 재산의 10%를 기부하다 /

한국 속담에 '개같이 벌어서 정승처럼 쓴다' 는 말이 있다. 갖은 고생을 해가며 번 돈을 좋은 목적에 사용한다는 뜻이다. 버핏 회장은 우리들에게 '정승같이 벌어서 정승처럼 쓰는 지혜' 를 보여주고 있는 것이다. 돈을 많이 버는 것도 중요하지만 번 돈을 제대로 쓰는 것이 더욱 중요하다는 가르침이다.

영국 왕실의 자녀들은 영국이 다른 국가와 전쟁상태에 있을 때에는 솔선수범해 병사들과 함께 전쟁터로 나간다. 국민들은 목숨을 걸고 전쟁을 치르고 있는데, 왕실 자녀들은 뒤로 꽁무니를 빼거나 해외로 도망을 간다면 왕실의 위엄은 사라지고 말 것이다. 그래서 영국 왕실은 젊은 왕자들을 전쟁터로 보내 노블레스 오블리제 정신을 실천하도록 한다. 영국의 왕위계승 서열 3위인 해리 왕자가 2007년 12월부터 아프카니스탄에 주둔하면서 무장세력인 탈레반과 맞선 것은 노블레스 오블리제의 대표적인 사례이다.

세계 최고의 부자 집단인 유태인들도 버핏 회장과 같은 마인드를 가지고 있고 이를 생활 속에서 실천한다. 유태인 아이들은 가난한 사람과 불쌍한 사람들에게 자신이 가지고 있는 돈과 물건을 나누어 주어야 하다는 가르침을 어릴 때부터 배운다. 부모들은 아이들에게 자선용 저금통을 주어 저금하도록 하고 돈이 모이면 교회당에 가지고 가 기부하도록 한다.

이 습관은 어른이 되어도 변하지 않는다. 경제적으로 여유가 있는 사람들은 재산의 20%가량을 기부하고, 보통 사람들은 재산의 10%가량을 가난한 사람들을 위해 나누어 준다.

돈을 모으는 것보다 베푸는 것을 더 강조하는 유태인들이 세계 경제는 물론 정치, 사회, 교육, 문화, 영화, 노벨상 분야 등에서 막대한 영향력을 행사하고 있는 것은 우리들에게 시사하는 바가 크다. '베풀면 베풀수록 더 큰 부자가 된다' 는 말이 진실이라는 것을 증명하는 것은 아닐까.

미국 아이들도 어려서부터 사회와 더불어 살아가는 삶이 더 큰 행복을 가져다준다는 가르침을 배우면서 자란다. 세상에서 자본주의가 가장 발달한 나라이기 때문에 생존경쟁이 어느 사회보다 치열한 것은 부인할 수 없는 사실이지만 승자는 사회적 약자에게 재산을 기부해 함께 살아가는 지혜를 보여준다.

미국의 공공도서관이나 박물관, 미술관, 대학교, 체육관 등과 같은 건물은 빌 게이츠, 석유의 왕 록펠러, 벤더빌트, 철강왕 카네기, 금융거물 JP모건 등과 같은 미국 역사의 흐름을 바꾼 갑부들이 기부해서 만들어 놓은 것이다.

세계 10위의 경제대국을 자랑하는 한국의 현실은 어떠한가. 삼성전자와 현대자동차 총수나 회장들이 간간이 개인재산을 사회에 기부한다는 발표를 할 때가 있다. 하지만 국민들은 뜨거운 박수를 보내기보다는 시큰둥한 반응을 보이는 경우가 많다.

워렌 버핏 회장처럼 마음에서 우러나오는 진심에서 재산을 사회에 기부하는 것이 아니라 한국 대기업의 회장들은 기업비리를 무마하고 속죄하는 목적으로 재산의 사회 환원을 발표하는 경우가 많기 때문이다. 가난하고 사회에서 소외된 사람들을 대하는 진실성에 차이가 있는 것이다.

리더십 분야의 3대 권위자로 명성을 날리고 있는 미국 링키스 컨설팅의 필 하킨스 CEO는 다음과 같이 말한다.

"진정한 리더는 자신만을 위해 살지 않습니다. 제가 만난 세계의 리더들은 다른 사람을 위해 살고 있었습니다. 리더의 자리에 오른 사람들은 대부분 개인적인 목표를 이미 달성한 경우가 많았습니다. 하지만 한국의 리더들은 아직까지 자신의 목표달성에 급급해 하는 경우가 많습니다."

인생을 살아가는데 산소나 공기같이 없어서는 안되는 것이 돈이다. 일정 수준의 경제력이 뒷받침되어야지 우리의 생활이 윤택해지고 편안해진다.

하지만 돈을 악착같이 버는 것보다 제대로 사용하는 것이 더욱 중요하다. 베풀면 베풀수록 더욱 많이 얻을 수 있다는 것을 버핏 회장이 보여주고 있지 않은가.

/ 기부는 과시가 아니라 습관이다 /

최근에는 한국에서도 자기 재산의 사회기부, 즉 리세스 오블리제를 실천하는 분들이 많이 나타나고 있어 잔잔한 감동을 준다. 가수 김장훈은 '한국 연예계의 워렌 버핏'으로 불린다. 지난 10년 이상 연예인 생활을 하면서 어렵게 번 돈 45억 원을 가난한 사람들을 위해 기부했다. 정작 자신은 번듯한 집도 없이 월세집에서 살면서 남을 위한 삶을 살고 있는 것이다. 김장훈은 매년 4억 원 이상을 기부금으로 내고 있지만, 자신은 집 한 채 없이 마포구에 있는 한 아파트에서 월세를 내며 생활하고 있다.

김장훈은 새해가 시작되면 한 해 동안 기부해야 할 금액을 미리 정해 놓고 이에 맞춰 기부금을 낼 정도로 계획적인 자선활동을 하고 있다.

"기부는 과시가 아니라 습관이라고 생각합니다. 저는 제가 도움을 준 사람들이 행복해 하는 모습을 보는 것만으로도 기쁩니다. 앞으로도 저는 누구보다 열심히 살 자신이 있기 때문에 어떤 상황에서든 답을 찾을 수 있을 것이라고 생각합니다. 앞으로도 궁핍하게 살지 않을 자신이 있습니다."

김장훈의 인생철학이다.

나는 KBS 라디오에 출연할 당시 대기실에서 김장훈을 만난 일이 있다. 빨간 재킷이 너무나 인상적이었다. 가수 김장훈은 키도 커지만 그의 마음은 더욱 넓어 보였다.

한국 의료계에서는 건국 대학교 흉부외과 송명근 교수가 '의료계의 워렌 버핏'으로 꼽힌다. 송 교수는 심장수술의 권위자로 자신의 재산 200억 원가량을 사회에 기부했다. 지난 2002년 송 교수는 자신과 아내가 세상을 떠나면 재산 전부를 사회에 환원하겠다는 유언장을 써 놓았다. 송 교수는 사람의 심장을 연구하다 직접 개발한 심장판막 성형수술 의료기기를 생산하는 벤처기업도 경영하고 있다.

그는 다음과 같이 겸손하게 말한다.

"제가 번 돈은 환자들을 진료하거나 수술하면서 얻은 지식에서 비롯된 것입니다. 그렇기 때문에 사회에 돌려주는 것이 당연하다고 생각합니다. 그리고 저는 술도 안 마시고, 골프도 안 하고, 매일 수술하고 늦게 퇴근하기 때문에 어차피 돈을 쓸 데도 없어요."

송 교수는 또 다음과 같이 자선활동에 대해 설명한다.

"아들과 딸에게는 결혼할 때 얼마큼의 돈만 주고 모든 재산을 불우 환자를 돕는데 내놓을 생각입니다. 큰돈을 물려주면 자녀들이 나태해지지 않을까 염려스러웠습니다. 자녀들이 20대 초반이 되었을 때부터

'결혼자금이 전부'라고 얘기해 왔기 때문에 자녀들이 부모님의 유산을 물려받지 않으리라는 것을 잘 알고 있습니다."

송 교수와 가수 김장훈의 훈훈한 이야기를 들으면 잔잔한 감동을 느낄 수 있다. 그리고 남을 돕기 위해서는 자신이 그럴 만한 지위에 있어야 하고, 이를 위해 열심히 자신을 계발해야 한다는 것도 깨달아야 한다.

/ 한 손은 나를 위한 것, 다른 손은 이웃을 위한 것 /

남을 위한 기부와 배려는 결국 우리 자신에게 더 큰 기쁨과 즐거움을 주는 법이다. '철강왕'으로 불리었던 앤드류 카네기와 관련된 일화다.

카네기가 23살 때의 일이다. 펜실베니아 철도회사에서 하루 일과를 마치고 숙소로 돌아오는 길이었다. 낯선 사람이 카네기를 뒤쫓아오며 말을 걸었다.

"카네기 씨, 지금 철도회사에서는 파업 움직임이 일고 있습니다. 종업원들은 스트라이크에 대한 서명을 받고 있지요. 다음주 월요일부터 스트라이크에 돌입하기로 결정을 내린 상태입니다. 카네기 씨는 철도회사 실무책임자로서 사전에 준비를 해야 할 것입니다."

"당신도 철도회사 종업원이 아닙니까. 그들과 같이 파업을 하고 행동도 같이 해야 할 텐데 왜 나에게 이렇게 긴급하고 중요한 정보를 알려주는 겁니까?"

"카네기 씨, 당신은 나를 기억하지 못하겠지만 나는 당신을 잘 알고 있습니다. 내가 실업자로 어려운 시절을 보내고 있을 때 당신의 피츠버그 사무실로 찾아가 철공으로 채용해 달라는 부탁을 했지요. 당신은 나를 무시하지 않고 피츠버그에는 일자리가 없지만 알튜나에는 일자리가 있을지도 모른다면서 나를 소개해 주었지요. 당신은 무척 바쁜 가운데서도 전보를 보내고 증명서를 발급해 주면서 내가 일을 할 수 있도록 도와주었지요. 벼랑 끝에 몰린 나에게 희망의 끈을 건네주었습니다. 나는 옛날의 은인에게 반드시 은혜를 갚아야 한다는 심정에서 카네기 씨에게 파업 정보를 건네 드리는 것입니다."

철공과 이야기를 마친 카네기는 조금도 지체하지 않고 이 정보를 상부에 보고했다. 철도회사는 스트라이크 준비를 하고 있는 종업원을 대상으로 파업 중단을 종용하며 설득에 나섰다. 결국 종업원들은 파업을 중단하기로 했다. 아랫사람을 배려하는 카네기의 인품이 파업 직전에 몰린 회사를 살린 것이다.

우리보다 가난한 사람, 보잘 것 없는 사람들에게 베푼 사소한 행동이나 친절한 말 한마디가 생각지도 않은 커다란 보답을 가져다주는 법이다. 작은 정성이라도 베풀면 결코 허사가 되지 않는다는 사실을 그는 보여주고 있다.

윗사람에게는 고개를 굽실거리면서 아랫사람에게는 거만하게 구는 사람들이 많은 것이 현실이다. 아랫사람에게 고개를 숙이면서 그들에게 친절과 정성을 베풀 수 있도록 노력해야 한다. 나중에 생각지도 않았던 큰 보람이 찾아올 수 있다. 물질적으로 부자이면서 마음도 부자인 사람들이야말로 승리하는 삶을 사는 사람들이다.

영화 '로마의 휴일'로 한 시대를 풍미했던 영화배우 오드리 햅번은 다음과 같이 말한다.

"손이 왜 두 개인지 아십니까? 하나는 나를 위한 것이고, 다른 하나는 이웃을 위한 것입니다."

3. 적을 친구로
만드는 기술

대화와 유머
Communication

/ 화술학원에 다닌 워렌 버핏 /

이 글을 읽는 독자들은 주위 사람들에게 웃음과 미소를 전달하는 사람입니까? 아니면 짜증스럽고 귀찮은 얼굴을 하고 다니는 사람입니까? 버핏 회장은 여러분에게 유머감각과 대화하는 능력을 키워 다른 사람들에게 즐거움을 주는 존재가 되라고 말한다.

버핏 회장이 투자자를 유치해 부를 형성하는 데에는 유머가 큰 역할을 했다. 내가 만난 버핏 회장은 공식석상에서 연설을 하거나 나와 개인적으로 인터뷰를 할 때에도 유머를 섞어가며 대화를 풀어나갔다. 항상 얼굴에 웃음을 머금고 즐겁게 인생을 살아가는 버핏 회장의 생활 이면에는 유머가 자리하고 있었다.

버크셔 해서웨이 주주총회에 매년 3만 명 이상의 주주들이 먼 거리를 마다하지 않고 몰려드는 것도 버핏 회장의 유머와 익살스러운 말에 매료되었기 때문일 것이다.

"5시간 동안 주주총회를 지켜보면서 한 토막의 코미디를 본 느낌을 받았습니다. 버핏 회장의 경제교육과 투자 철학도 물론 중요하지만 5시간의 토론이 전혀 지루하지 않고 재미있었어요. 버핏 회장의 말속에는 유머와 해학, 재치가 숨어 있기 때문이지요. 버핏 회장은 '언어의 연금술사' 같습니다."

버크셔 해서웨이 주주총회에서 만난 브라이언 씨의 설명이다.

버핏 회장은 어려운 경제용어나 금융현상을 설명할 때에도 이해하기 쉬운 유머를 구사해 투자자들의 이해를 돕는다. 상대방의 긴장을 풀어 주고 대화분위기를 부드럽게 하는 데에는 유머만큼 좋은 수단이 없다는 것을 버핏 회장은 알고 있다.

버핏 회장은 의식적으로 유머와 대화의 기술을 배웠다. 많은 사람을 비즈니스 파트너로 만들어야 하고, 사람들을 설득하기 위해서는 유머가 들어간 대화가 필수적이라고 생각했기 때문이다.

대학을 갓 졸업한 버핏은 여가시간이 있을 때마다 대화 기술을 향상시키기 위해 동네 학원에 등록해 화술교육을 받았다. 이미 투자가로서의 꿈과 비전을 확고히 간직하고 있었기 때문에 향후 투자자를 설득하기 위해서는 대화 기술이 필수적이라고 생각하고 미리 준비한 것이다.

자신의 꿈과 목표를 달성하기 위해 필요한 것이라면 준비를 게을리하지 않았으며, 특히 많은 사람들을 대하는 직업의 특성상 대화의 중요성을 일찌감치 감지하고 있었다.

버핏은 자신의 유머와 대화 기술을 시험해 보기 위해 오마하 대학의 직장인 대상 교육프로그램에서 투자 원칙에 대해 강의를 하기도 했다. 학원에서 보고 배운 대화 기술을 실전에서 응용해 본 것이다.

직장인들은 자기네들보다 나이가 어린 버핏이 강사로 들어오는 것에 대해 처음에는 불만이 많았지만, 첫 시간 강의를 듣고 나서는 바로 버핏의 매력에 빠지고 말았다. 버핏이 토해내는 해박한 투자이론도 나무랄 데가 없었지만 무엇보다 청중들을 휘어잡은 것은 그의 탁월한 유머 감각이었다.

이후 버핏이 투자자를 유치해 세계 최대의 부를 형성하고 큰 성공을 거둘 수 있었던 데에는 일찌감치 배운 유머와 대화의 기술이 큰 역할을 하게 된다. 버핏 회장은 다음과 같이 다른 사람과 대화하는 능력을 강조한다.

"한때 나는 무척 소심한 사람이었죠. 어렸을 때 소심하고 수줍음을 많이 타는 성격이었어요. 남들 앞에서 말하는 것을 무척 부끄러워했죠. 하지만 다른 사람들 앞에 나서기를 저 자신한테 강제했습니다. 노력한 결과 시간이 지나면서 무대공포증은 사라졌죠. 의사소통 능력은 대단히 중요한 기술이며, 반드시 갖추어야 합니다."

그럼 여기서 버핏 회장의 유머와 재치를 한번 감상해 보자.

2008년 버크셔 해서웨이 주주총회에서 있었던 일이다. 세계 최고의 부자로 등극한 버핏 회장에게 한 주주가 소감을 물었다.

버핏 회장은 다음과 같이 대답했다.

"아무것도 바뀐 것이 없습니다. (옆에 앉은 멍고 부회장을 바라보며)

특히 찰리 멍고 부회장이 나를 대하는 태도가 하나도 달라지지 않았습니다."

주주총회 대강당에서 폭소가 터져 나왔다.

세계 최고의 부자가 된 만큼 멍고 부회장이 조금이라도 달리 자신을 평가해 주기를 바랐는데 멍고 부회장은 꿈쩍도 하지 않는다는 것을 에둘러 표현한 것이다. 멍고 부회장은 이에 지지 않고 다음과 같이 말했다.

"버핏 회장이 세계 최고의 부자가 되었다고 해서 새로운 존경심이 생기는 것은 전혀 없습니다."

대강당에서 다시 폭소가 터져 나왔고, 주주들은 버핏 회장과 멍고 부회장의 '유머 대결'을 한껏 즐겼다. 또 다른 주주 한 명이 버핏 회장에게 물었다.

"지구온난화로 전 세계가 몸살을 겪고 있습니다. 이상기온 현상이 나타나고 있지요. 지구온난화를 예방하는 대책이 없을까요?"

이에 대해 버핏 회장은 재치있게 이렇게 말했다.

"아이스크림 회사인 '데어리퀸Dairy Queen'의 '블리자드Blizzard'를 많이 먹어 세상을 썰렁하게 해야 합니다."

대강당에 모인 주주들은 뒤로 허리가 젖혀질 정도로 박장대소했다. 에너지절약이나 자동차 사용 줄이기, 자연보호 등 현실적인 답변을 내놓을 것으로 기대했는데 아이스크림을 많이 먹어 더위를 없애야 한다는 버핏 회장의 재치에 주주들은 즐겁다는 표정이었다.

'데어리퀸'은 버핏 회장이 투자한 아이스크림 회사이다. 그리고 '블리자드' 는 데어리퀸에서 판매하는 아이스크림 상표로 '시원한 강풍' 이라는 뜻을 가지고 있다.

버핏 회장은 자신이 투자한 회사의 아이스크림을 많이 먹어 지구온난화를 막아야 한다는 뜻으로 유머감각을 발휘한 것이다.

버크셔 해서웨이 주주들은, 아니 세상 사람들은 버핏 회장이 쏟아내는 유머와 재치를 통해 더욱 버핏 회장을 가깝고 친근하게 느끼는 것 같다.

/ 말 잘하는 사람이 성공한다 /

사회생활을 하면서 상대방을 친구로 만들고, 비록 나와 의견이 다르더라도 우군으로 만들 수 있는 것이 바로 유머와 대화의 기술이다. 말 잘하는 사람이 '뺀질이' 로 취급되던 시대는 지났다. 말 잘하는 사람이 사회에서 인정받고 성공하는 시대가 되었다. 그 말 속에 진실성이 담겨 있어야 한다는 전제가 있기는 하지만 말이다.

버핏 회장이 쌓은 부와 성공 이면에는 사람들을 끌어들이고 흡입할 수 있는 유머와 협상능력이 있었다는 점을 명심해야 한다. 버핏 회장은 배움의 과정에 있는 우리들에게 폭넓은 독서와 공부를 통해 유머감각을 키우고 대화의 기술을 향상시킬 것을 주문하고 있다. 유머와 대화 능력은 성공과 부를 약속하는 큰 자산인 것이다.

이 글을 쓰는 나 자신도 스피치학원에서 6개월가량 대화와 화술기법을 배운 적이 있다. 친구들끼리 만나면 얘기를 곧잘 하는 편이었지만,

남들 앞에서 발표를 하거나 자신의 의견을 내놓을 때에는 가슴이 답답해지는 것을 느꼈다. 말을 더듬게 되고, 평소 같으면 논리적으로 설명할 수 있는 것도 대중들 앞에서는 뒤죽박죽이 되었다. 무대공포증이 있었던 것이다.

나 자신에게 큰 결점이 있다는 것을 인정하고 어떻게 해서든지 고쳐보겠다고 마음을 먹었다. 서울 종로에 있는 스피치학원에 등록을 했다. 수강비가 꽤 비쌌지만 주저하지 않고 나 자신에게 투자한다는 생각으로 수강신청을 했다.

회사 일이 끝나면 저녁시간에 학원으로 달려갔다. 바쁜 스케줄로 평일에 시간이 없을 때에는 주말에도 학원으로 향했다. 원장의 가르침을 하나라도 더 배우고 익히기 위해 참으로 열심히 다녔다.

수강생 중에는 국책은행의 임원, 시중은행의 부장, 대기업에 다니는 임원, 대학강사, 대학생, 세일즈우먼, 심지어 70대의 할아버지도 있었다. 일주일에 3번씩 10여 명 앞에서 내 생각을 얘기하고 발표를 하면서 점점 남들 앞에서 부끄러움과 수줍음이 없어지는 나를 발견하게 되었다. 때때로 남들 앞에 서고 싶은 욕구도 생겼다. 6개월의 스피치과정을 마치고 나는 이전보다 발전된 나 자신을 느낄 수 있었다. 웅얼거렸던 목소리는 쩌렁쩌렁해졌고, 다른 사람의 시선을 응시하게 되었고, 청중을 사로잡는 여유도 가지게 되었다.

이제 나는 남들 앞에서 얘기하는 것이 오히려 재미있다. 화술학원을 다녔던 버핏 회장도 나와 똑같은 느낌이었을 것이다. 남들 앞에서 당당하게 얘기할 수 있는 용기가 있어야 유머를 구사할 수 있는 마음의 여유가 생긴다. 청중 앞에서 발표를 잘하는 사람은 대부분 유머도 잘 구사한다.

/ 정치 라이벌을 친구로 만들다 /

여기서 독자들에게 퀴즈를 하나 내볼까 한다. 영국 사람들이 가장 존경하고 사랑하는 영국인은 누구일까요? 바로 윈스턴 처칠^{1874~1965년}이다. 영국인들은 영국 총리를 지낸 정치가로서, 제2차 세계대전을 승리로 이끈 세계적인 지도자로서, 노벨문학상을 수상한 저술가로서 처칠을 '국민 영웅'으로 여기고 있다. 하지만 영국인들이 정작 처칠에 대해 열광하고 그에게 존경심을 표하는 것은 바로 촌철살인의 해학이 담겨 있는 그의 유머와 재치 때문이다. 나치 독일의 독재자 히틀러와 전쟁상태에 있었던 영국 국민들에게 던지는 처칠의 말 한마디 한마디에는 용기와 희망이 담겨져 있었고, 그 말 속에는 국민들에게 웃음을 선물하는 유머가 있었다. 마치 버핏 회장의 말에 담겨 있는 유머와 해학이 세상 사람들을 미소짓게 만드는 것처럼. 버핏 회장의 유머와 처칠 총리의 유머를 비교해 보는 것도 재미있다.

한번은 처칠 총리가 의회에 30분 늦게 도착했다. 처칠을 못마땅하게 생각하고 있었던 반대파 의원들은 처칠을 눈엣가시같은 존재로 미워했으며, 이번 기회에 처칠을 깔아뭉갤 생각이었다. 그들은 "처칠은 게으른 사람"이라며 마구 비난을 해댔다.

입장이 난처해진 처칠은 당황하지 않고 머리를 긁적거리며 다음과 같이 말했다.

"예쁜 아내를 데리고 살면 일찍 일어날 수가 없습니다. 다음부터는 의회에 회의가 있는 전날에는 아내와 따로 방을 쓰도록 하겠습니다."

조금 전까지만 하더라도 처칠을 향해 손가락질을 해댔던 반대파 의원들은 처칠이 던진 한마디에 그만 웃음을 터트리고 말았다. 그리고 언제 그랬냐는 듯 처칠에게 다정한 미소를 던져 보이며 자리에 앉기를 권했다.

처칠 총리는 '차가 막혀서 늦었습니다' '늦잠을 잤습니다' '몸이 아팠습니다' 등과 같이 구차한 변명을 늘어놓기보다는 자신의 잘못을 솔직히 인정하고 재치 있는 말 한마디로 위기에서 벗어날 수 있었던 것이다.

이런 일도 있었다. 처칠과 정견을 달리하는 여성 정치인 에스더 부인이 있었다. 그녀는 처칠을 너무나 싫어해, 이렇게 독설을 퍼부었다.

"당신이 내 남편이라면 나는 커피에 독을 타서 당신에게 줬을 거예요."

그러지 처칠은 화를 내기보다는 웃으면서 다음과 같이 응수했다.

"내가 당신 남편이라면 나는 그 커피를 마시고 죽을 겁니다."

성깔이 못된 부인과 살기보다는 차라리 독을 마시고 죽어버리겠다는 유머를 구사한 것이다. 이 말을 들은 에스더 부인의 표정이 어떠했을까 한번 상상해 보라.

이처럼 버핏 회장과 처칠 총리는 말 한마디를 던질 때에도 유머와 재치를 섞어서 사용했다. 유머는 딱딱한 대화 분위기를 부드럽게 하고, 상대방의 심리적 긴장감을 풀어줄 수 있는 묘약이 될 수 있다는 것을 이들은 누구보다 잘 알고 있었던 것이다.

/ 웃음이라는 보약 /

여러분 주위를 한번 둘러보라. 항상 심각하고 딱딱한 대화를 나누는 친구들보다는 얼굴에 웃음을 머금고 재치 있는 말을 하는 친구들에게 더욱 많은 사람이 몰린다는 것을 알게 될 것이다. 사회생활도 마찬가지이다. 회사 직원들은 찡그린 얼굴을 하고 있는 상사에게 높은 점수를 주지 않으며, 상사는 불평만 하는 부하 직원에게는 높은 점수를 주지 않는다. 얼굴에 미소가 가득하고 어려운 환경에 처해 있어도 유머와 재치로 문제를 해결하려고 노력하는 상사나 부하 직원에게 높은 점수를 준다.

미국 역사상 가장 존경받는 대통령으로 꼽히는 링컨 대통령은 다음과 같은 말로 유머의 중요성을 강조했다.

"내가 웃지 않고 살았다면 이미 나는 죽었을 겁니다. 여러분도 웃음이라는 보약을 드시기 바랍니다. 자신은 물론 조직 전체가 변하는 놀라운 효과를 몸으로 직접 느낄 수 있을 겁니다."

어떤 사람은 이렇게 말하기도 한다.

"무뚝뚝한 리더보다는 유머감각을 갖춘 리더가 성공합니다. 물건을 파는 세일즈맨이 유머감각을 갖추면 설득력은 두 배가 됩니다. 부모의 유머감각이 풍부하면 아이들은 두 배나 행복해집니다. 유머를 갖춘 선생님의 수업시간에는 잠자던 학생들도 벌떡 일어납니다. 의사의 재치 있는 유머 한마디는 환자의 얼굴에 웃음꽃을 피게 합니다. 세상 여성들이 가장 좋아하는 남성은 바로 유머감각을 갖춘 사람입니다."

아름다운 꽃이 그윽한 향기를 우리들에게 선물하듯이 유머는 다른 사람들에게 웃음과 미소를 전달한다. 또 유머는 자신의 건강을 위해서도 반드시 필요한 자기계발 요소이다.

노르웨이 과학기술 대학의 스벤 박사팀이 노르웨이인 5만 4,000명을 대상으로 조사한 결과 암환자라도 유머감각이 뛰어난 경우 그렇지 않은 환자보다 생존율이 훨씬 더 높은 것으로 나타났다.

일상생활에서 유머를 중시하는 사람일수록 7년 이상 생존율이 더 높은 것으로 조사됐다. 스벤 박사는 "유머를 자주 사용하고 중요하게 여기는 삶을 기준으로 할 때 상위 25%의 암환자들이 하위 25%보다 7년 이상 생존율이 35%나 더 높게 나왔다"며 "탁월한 유머감각이 사망률을 70%나 줄인 것으로 나타났다"고 설명했다. 결국 유머는 다른 사람들에게는 웃음을 전하고, 자기 자신에게는 건강을 보장하는 힘이 되는 것이다.

버핏 회장과 처칠 총리는 유머 능력이야말로 대회와 칭찬을 뛰어넘는 최고의 설득기술이라는 사실을 여러분에게 보여주고 있다. 칭찬은 고래도 춤추게 한다는 말이 있지만, 유머는 코끼리도 물구나무서게 하는 효과가 있다고 본다.

특히 버핏 회장은 유머감각을 키우기 위해서는 책과 신문을 많이 읽어야 한다고 강조한다. 우리가 명심하고 가슴속에 새겨 두어야 할 말씀이 아닐까?

우리는 행복하기 때문에 웃는 것이 아니라 웃기 때문에 행복해지는 것이다. '신은 죽었다'는 말로 유명한 철학자 니체는 다음과 같이 표현했다.

"웃는 사람에게는 밤에도 해가 뜨고, 겨울에도 꽃이 피고, 어떠한 고난에도 감사할 수 있습니다. 오늘 가장 활짝 웃는 사람은 역시 최후에도 웃을 겁니다."

4. 풀이 자라기를 기다리는
망아지는 굶어 죽는다

용기
Courage

/ 코이 물고기의 꿈 /

일본에 가면 '코이'라는 물고기가 있다. 이 물고기는 작은 수족관에 넣어 두면 7cm 정도 자란다. 하지만 이 물고기를 좀 더 넓은 수족관으로 옮기면 자신의 이동거리가 넓어진 것을 알아차리고 몸의 길이도 14cm가량 커진다. 하지만 코이 물고기를 강물에 놓아 두면 몸의 길이가 100cm를 훌쩍 넘을 정도로 성장한다. 자신이 처해 있는 상황과 환경에 따라 성장이 달라지는 것이다.

여러분은 작은 수족관에서 큰 수족관으로, 다시 강물로 향해 나아갈 용기가 있는가. 자신이 처해 있는 환경을 넘어서기 위해 용기를 가지고 도전하면 나중에 큰 결과물을 얻을 수 있다. 하지만 많은 사람들은 용기를 내어 도전하기보다는 현실에 안주하면서 어제와 같은 오늘을 살고 있을 뿐이다. 작은 수족관의 코이 물고기가 될 것인가 아니면 강물 속의 코이 물고기가 될 것인가는 여러분의 용기와 도전 여부에 달려 있다.

목표를 정하고 용기를 내 도전해야 한다. 그것도 크고 웅장한 꿈을 꾸도록 해야 한다. 작은 꿈에 그치면 7cm의 코이 물고기가 되지만 큰 꿈을 간직하면 100cm의 코이 물고기도 될 수 있다. 꿈은 크면 클수록 좋다.

우리의 인생은 도전과 실패, 재도전의 연속이다. 꿈을 품고 열심히 노력하지만 성공하지 못하고 실패할 경우도 있다. 하지만 세계적인 부자나 글로벌 리더들은 실패에도 굴하지 않고 다시 도전했다는 공통점을 가지고 있다. 보통 사람들이 실패를 두려워해 아예 도전조차 하지 않거나 도전하더라도 실패한 이후 자포자기 상태가 되어 재도전을 하지 않는 것과는 큰 차이가 있다.

사람들은 나이가 들면서 현실에 안주하고 새로운 도전을 회피하는 경향이 있다. '이 나이에 다른 도전은 해서 뭐해' '이만하면 됐어' '편안하게 남은 인생을 이제는 즐기는 거야' 등 어린 시절 우리가 가졌던 용기와 당당함은 시간의 세월 속에 무디어져가고 결국 사라져 버린다.

이 글을 읽는 독자가 대학생이거나 청소년들이라면 특히 당부하고 싶은 말이 있다. 여러분은 젊다. 어른들이 말씀하시는 것처럼 모래를 먹어도 소화할 수 있을 만큼 젊고 생동감에 가득 차 있다. 아무리 많은 돈과 높은 사회적인 지위를 가지고 있더라도 나이가 많은 분들은 여러분을 부러워한다. 그분들이 가지고 있지 않은 '젊음'이 있고 젊기에 가능한 '도전정신'이 있기 때문이다.

/ 사람들은 무모하다 했지만 나는 결국 성공했다네 /

내가 만난 버핏 회장도 어릴 때부터 도전과 모험을 좋아했다. 주위에서는 '위험하다' '무모하다'며 말렸지만, 어린 버핏은 도전과 용기로 힘든 역경을 헤쳐가며 오늘날의 부와 명성을 얻을 수 있었다.

버핏이 고등학교에 다닐 때의 일이다. 신문배달로 얼마간의 돈을 마련한 버핏은 친한 친구와 함께 핀볼 기계pinball 사업을 시작한다. 핀볼은 상자 안에 있는 볼이 위에서 아래로 떨어지면 밑에 있는 막대기로 쳐 올리는 게임이다.

주위에서는 '어린 아이들이 무슨 사업을 하느냐' '학교에 가서 공부나 열심히 해라' '사업도 모르는 녀석들이 너무 까부는 것 아니냐'며 걱정하고 핀잔을 주었지만, 버핏과 친구는 분명히 핀볼 게임기 사업이 성공할 것이라고 확신했다.

핀볼 게임기 사업은 신문배달에 이어 버핏의 두 번째 도전이었던 셈이다. 버핏은 동네 이발소를 찾아가 자신들이 만들고 수리한 핀볼 게임기를 이발소 내에 설치할 수 있느냐고 물었다.

이발소 주인들은 시큰둥한 반응을 보였다. 아이들이 만든 기계라 언제 고장이 날지도 모르고 이발소 공간만 차지한다는 생각에 탐탁지 않게 생각했던 것이다.

하지만 버핏은 포기하지 않고 하루가 멀다 하고 이발소를 찾아 다니며 도움을 청했다. 이발소 주인들을 만나 핀볼 게임기가 어른들에게도 재미가 있고 이발소 매출에도 큰 도움이 될 것이라고 설득하며 매달렸다.

며칠 동안 동네 이발소 곳곳을 찾아다니며 노력한 결과 버핏은 게임기를 설치해도 좋다는 허락을 받아냈다. 이발소 주인들이 버핏의 끈질긴 설득과 노력에 손을 들고 만 것이다.

버핏은 핀볼 게임기를 팔아 얻는 이익을 자신과 이발소 주인이 나누는 조건으로 계약을 맺었다. 이발을 하는 손님들이 순서를 기다리다 심심풀이로 핀볼 게임기를 이용할 것이라는 버핏의 계산이 그대로 맞아떨어졌다.

버핏이 「워싱턴 포스트」 신문배달에 이어 두 번째로 도전한 게임기 사업도 기대 이상의 성공을 거두었다. 남들은 위험하다며 만류했지만 버핏은 사업의 성공 가능성을 미리 간파하고 과감하게 도전했던 것이다. 버핏은 핀볼 게임기를 통해 매주 50달러를 거두어들이는 작은 사업가로 성공했다.

어린 버핏의 도전정신은 여기서 그치지 않는다. 동네 어른들이 경마 경기에 몰두하는 것을 보고 친구들과 경마 소식지를 만들어 경마장을 돌아다니며 판매했다. 또 친구들과 중고 골프공을 모아 즉석 골프공 판매점을 만들어 큰돈을 벌기도 했다.

자신의 주변에서 돈이 될 만한 아이템을 발굴해 이를 사업으로 연결하는데 동물적인 감각을 가지고 있었던 것이다. 그리고 그러한 기회가 왔을 때 주저하거나 망설이지 않고 과감하게 도전해 큰 성과를 거두었다.

버핏의 도전정신은 현재 그가 회장으로 있는 버크셔 해서웨이 회사를 사들일 때 최고조에 달한다.

1962년, 버핏이 32살 때의 일이다. 버핏이 투자자들을 모집해 왕성하게 투자활동을 하고 있을 때였다. 버핏은 당시 경영환경이 좋지 않아 쓰러져가던 '버크셔 해서웨이'라는 섬유회사를 사기로 마음을 굳힌다. 그 동안 버크셔 해서웨이는 섬유회사로 이름을 날렸지만 1950년대 한국, 중국, 동남아 등 아시아로부터 밀려들어오는 값싼 제품에 밀려 가격 경쟁력을 잃고 있었다.

공장 문을 닫고 직원을 해고하는 등 비용절감에 나섰지만 경영은 좀처럼 개선될 조짐을 보이지 않았다. 사람들은 버크셔 해서웨이가 조만간 망하고 말 것이라고 생각할 정도로 경영은 악화일로에 있었다.

하지만 버핏은 모두가 기피하는 버크셔 해서웨이 회사에서 기회를 보았다. 다른 사람들 눈에는 보이지 않았던 기회가 버핏의 눈에는 보였던 것이다. 당장 외부경쟁으로 생산성이 떨어지고 수익이 감소하고 있지만, 구조조정을 하고 사업이이템을 변경하면 비크셔 해서웨이를 탈바꿈시킬 수 있을 것으로 내다봤다. 남들이 진흙 속의 진주를 모르고 지나갈 때 그는 진주의 가치를 발견한 것은 물론 이를 더욱 아름다운 진주로 변화시킬 복안을 가지고 있었던 것이다. 남들이 '부정'을 얘기할 때 그는 '긍정'을 얘기했다.

"저와 여러분의 돈을 합쳐 버크셔 해서웨이 주식을 사려고 합니다. 버크셔 해서웨이는 지금 어려움을 겪고 있지만 앞으로 발전 가능성이 높은 회사입니다. 여러분의 생각은 어떻습니까?"

버핏이 투자자 친구들에게 물었다.

투자자 친구들 사이에서는 의견이 분분했다. 버핏의 천재적인 혜안을 익히 알고 있는 투자자들은 버핏의 의견에 찬성했지만, 다른 투자자들은 '너무 위험하다' 며 반대했다.

"버크셔 해서웨이를 사들일 수 있는 좋은 기회입니다. 기회는 남들이 간과하고 있을 때 찾아오는 것입니다. 위험하다고 피하기만 한다면 결코 기회는 오지 않습니다. 지금 찾아온 기회를 놓친다면 우리는 나중에 후회하고 말 것입니다. 인생에 기회는 그리 많이 찾아오지 않습니다. 기회는 왔을 때 잡아야 합니다."

버핏은 투자자 친구들을 설득했고 마침내 투자자들의 동의를 얻어 버크셔 해서웨이 주식을 사들이게 된다. 그리고 주식 지분을 가장 많이 가진 최대주주가 되고, 버크셔 해서웨이의 회장 자리에 앉는다.

버핏은 남들의 반대에 굴하지 않고 과감하게 도전해 버크셔 해서웨이를 사들였고, 이를 기반으로 버크셔 해서웨이를 세계적인 기업으로 일구어낸다.

이후 버핏은 섬유회사였던 버크셔 해서웨이를 과감히 투자회사로 탈바꿈시켜 세계적인 기업으로 성장시킨다. 현재 버크셔 해서웨이는 세계 어느 나라를 막론하고 설문조사를 하면 가장 존경받는 기업으로 손꼽힌다.

오늘날 버크셔 해서웨이는 남들은 거들떠보지도 않았지만 기회를 포착해 과감하게 도전했던 버핏의 선견지명이 있었기에 가능했던 것이다.

시인 마르셀 프로스트가 멋들어진 시로 표현한 것처럼 우리들 인생에는 두 갈래의 길이 있다. 많은 사람들이 걸어갔던 길이 있고, 아무도 걷지 않았던 길이 양 갈래로 나뉘어져 있다. 99%의 사람들은 남들이 간 길을 간다. 땅바닥은 굳어져 있고 돌부리도 사라졌기 때문에 그대로 따라가기만 하면 안전하게 목적지에 도착할 수 있다. 하지만 1%의 사람들은 남들이 가지 않았던 미지의 길을 선택한다. 돌부리에 걸려 넘어지기도 하고, 여기저기 널린 나뭇가지에 생채기가 나기도 하지만 이들은 용기있게 모험을 택한다.

남들이 간 길을 가는 사람들은 남들처럼 평범하게 여생을 살아가지만, 남들과 다른 길을 걷는 사람들은 자신의 인생 계획표대로 주체적인 삶을 산다는 큰 차이점이 있다. 여러분은 지금 어느 길을 걷고 있는가.

버핏 회장의 이와 같은 도전정신은 미국의 16대 대통령인 에이브러햄 링컨(1809~1865년) 대통령과 무척 닮았다.

링컨은 1809년 켄터키 주에서 가난한 농부의 아들로 태어났다. 집안이 기난해 학교 교육도 거의 못 받았고, 이려서부터 혼자 책을 읽으며 독학한 것이 전부다. 친구들은 교복을 입고 학교에 갈 때에 링컨은 나무를 베고 땔감을 장만하고 소에게 풀을 먹여야 했다.

인생살이도 순탄치 않아 대통령이 되기까지 여덟 번이나 선거에서 떨어졌고 사업에도 두 번이나 실패했다.

하지만 링컨은 포기하지 않았다. 사람들은 차차 링컨의 도전정신과 성실, 정직함에 관심을 보이며 그를 지지하기 시작했다. 결국 그는 51세에 꿈에 그리던 미국의 16대 대통령이 될 수 있었다.

"내가 걷는 길은 험하고 미끄러웠습니다. 그래서 나는 자꾸만 미끄러져 길바닥 위에 넘어지곤 했지요. 그러나 나는 곧 기운을 차리고 내 자신에게 말했습니다. '괜찮아, 길이 약간 미끄럽긴 해도 낭떠러지는 아니야' 라고."

링컨 대통령이 힘들고 어려울 때마다 입을 악물고 되뇌었던 말이다. 그리고 포기하지 않고 도전해 결국 성공의 과실을 얻었다. 버핏 회장도 마찬가지이다.

결국 큰돈을 버는 사람이나 사회생활에서 성공한 사람이나 한결같은 공통점은 실패를 무서워하지 않고 도전했다는 점이다. 그들의 피 속에는 도전 유전자가 숨어있는지도 모른다.

버핏 회장과 링컨 대통령은 우리들에게 가르친다. 몇 번 넘어졌느냐가 중요한 것이 아니라 몇 번 일어섰느냐가 더욱 더 중요하다는 사실을 말이다.

/ 자신을 믿어라 /

여러분은 한국 경제를 대표하는 인물로 누구를 꼽습니까? 가난한 농부의 아들로 태어나 맨손으로 현대그룹을 일구어낸 정주영 회장1915~2001년도 한국경제를 얘기할 때 빼놓을 수 없는 분이다. 정 회장의 삶과 인생은 그야말로 '용기와 도전' 의 결정체라고 표현해도 과장이 아닐 것이다.

지난 1971년 9월의 일이었다. 정 회장은 삼면이 바다로 둘러싸인 한국이 거대한 배를 만들어 조선사업에 진출하면 큰 성과가 있을 것으로 생각했다. 지금은 세계 최고의 조선기술을 자랑하지만, 당시만 해도 한국에는 이렇다 할 조선소 하나 없었다.

'한국의 조선산업은 성공 가능성이 높다. 아직 아무도 시도한 적이 없어. 내가 먼저 도전을 해보자!'

정 회장은 돈을 구하기 위해 공장시설도 없는 상태에서 바닷가 지도 한 장을 들고 영국 런던으로 날아갔다. 그리고 영국의 기술심사 회사인 애플도어의 롱 바톰 회장을 만났다. 정 회장은 자신이 왜 여기까지 날아왔으며, 어떻게 조선사업을 전개해 나갈 것인지 롱 바톰 회장에게 자세하게 설명했다.

"힘들 것 같습니다. 아직까지 확신을 가질 수가 없군요."

롱 바톰 회장은 "NO"라고 거절했다. 기대한 대답이 돌아오지 않아 정 회장은 힘이 빠졌지만, 용기를 내어 다시 한 번 간청했다. 정 회장은 바지주머니 속에 있는 500원짜리 지폐(당시 500원짜리가 종이돈이었음)를 얼른 꺼내 테이블 위에 올려 놓았다.

"정 회장님, 이게 뭡니까?"

"자세히 보세요. 철갑으로 만든 거북선 그림이 있습니다. 대한민국은 영국보다 300년 앞선 1,500년대에 이미 철갑선을 만들었습니다. 외국과의 무역을 거부하는 쇄국정책으로 산업화가 늦어졌을 뿐, 무한한 잠재력은 그대로 가지고 있습니다. 한번 시작한다면 몇 백년 동안 잠자고 있었던 우리의 잠재력이 용솟음칠 것입니다. 우리의 가능성을 믿어 주십시오."

정 회장의 말을 경청하고 있던 롱 바톰 회장은 빙그레 웃더니 고개를 아래위로 끄덕였다. '당신이 이겼다. 내가 졌다' 는 표시였다.

이후 롱 바톰 회장은 한국을 직접 방문해 현대건설의 시공능력과 건설경험을 확인했고, 대형 조선소를 지어도 좋다는 내용의 보고서를 영국 바클리은행에 제출하게 된다. 바클리은행은 현대건설을 믿고 돈을 빌려주게 되고, 현대건설은 조선분야에 성공적으로 진출하게 된다.

현재 세계 최고를 자랑하는 한국의 조선산업은 정주영 회장의 '500원짜리 용기' 에서 출발했던 것이다.

인생을 살아가다가 우리는 넘어질 수 있다. 쓰러질 때도 있다. 포기하고 싶을 때도 있다. 울고 싶을 때도 있다.

하지만 신은 다시 일어설 수 있는 용기와 힘도 함께 주었다. 쓰러졌어도 툭툭 털고 다시 일어날 수 있도록 오뚝이 정신도 같이 불어넣어 주었다.

농구황제 마이클 조던은 "용감하게 행동하세요. 세상은 확신을 갖고 행동하는 사람들을 위해 길을 비켜줍니다"라고 말했다. 또 동화작가 안데르센은 "어떤 높은 곳이더라도 사람이 도달하지 못할 곳은 없습니다. 그러나 용기와 자신감을 갖고 올라가지 않으면 안됩니다"라고 강조했다.

몇 번 넘어졌느냐가 중요한 것이 아니라 몇 번 일어섰느냐가 더욱 더 중요하다는 사실을 얘기하는 것이다. 용기있게 행동하는 사람 2%가 행동하지 않는 사람 98%를 지배하는 법이다. 성공한 사람은 예외 없이 용기 있는 결정을 내린 사람들이라는 사실을 명심하자.

5. 얼굴 아는 친구는 많지만
마음 아는 친구는 적다

친구
Friend

/ 기도하는 손 /

'기도하는 손'이라는 제목의 그림을 본 적이 있는가. 노동으로 거칠어진 양손을 모아 기도하는 모습을 그린 그림이다. 사람의 전체 모습을 그린 것이 아니라 양손만을 묘사한 것이다. 이 그림을 그린 사람은 르네상스 시대를 살았던 알브레히드 뒤러1471~1528라는 화가로 독일 뉘른베르크 출신이다.

그는 어린 시절 미술공부를 하고 싶었지만 집안이 가난해 학비를 감당할 수가 없었다. 그래서 같은 처지의 친구를 만나 의논했다. 그 친구가 이렇게 제의를 했다.

"네가 먼저 학교에 가서 공부해라. 나는 네가 졸업할 때까지 일하며 너의 학비를 지원하겠다. 졸업한 후에는 네가 나의 뒷바라지를 해줘."

친구는 뒤러를 위해 열심히 일해 꼬박꼬박 학비를 보냈다. 뒤러가 졸업할 무렵에는 그림도 하나씩 팔려나가기 시작했고, 유명세를 타기도 했다.

어느 날, 뒤러가 오랫만에 친구를 만나기 위해 친구의 집을 찾았다. 친구는 마침 기도를 하고 있었다. 뒤러는 문 뒤에서 친구의 목소리를 몰래 들었다.

"주님! 저의 손은 노동으로 이미 굳어져 이제는 그림을 그릴 수 없게 되었습니다. 내가 하고 싶었던 일을 제 친구 뒤러가 할 수 있도록 도와주세요. 제 친구가 진실된 그림을 그리고, 세상 사람들로부터 인정받는 화가가 되도록 도와주세요."

자기를 위해 희생한 친구가 두 손을 모아 기도하는 모습을 뒤러는 지켜보았다.

뒤러는 노동으로 뼈마디가 굵어진 친구의 양손을 잊을 수가 없었다. 그리고 친구가 양손을 모아 기도하는 아름다운 모습을 화폭에 담았다. 이 그림이 유명한 '기도하는 손' 이다.

학업을 마치고 사회로 나가면 직장생활을 하게 된다. 고등학교를 마치고 바로 직업전선에 나가는 사람도 있을 것이고, 대학교를 졸업하고 사회생활을 시작하는 사람들도 있을 것이다.

대학교를 나와 사회생활을 하든, 고등학교를 졸업하고 직장생활을 하든 중요한 것은 학력이 아니다. 자신의 적성에 맞는 직업을 빨리 결정하고 미리 준비하는 자세가 중요하다. 이와 함께 사회생활을 하면서 평생을 함께할 진정한 친구를 우리들의 곁에 두는 것이 절대 필요하다.

비즈니스 관계로 친구를 만날 수도 있고, 조직생활의 파트너로 친구를 만날 수도 있다. 자신과 취미나 성격이 통하는 친구도 좋고, 자신과 성격과 스타일이 다른 친구도 상관없다. 평생을 서로 신뢰하고 옆에서 도와줄 수 있는 것이 진짜 친구이다.

/ 나머지 절반을 채워 주는 멍고 부회장 /

인생의 절반은 개개인의 노력과 땀으로 만들어지지만 나머지 절반은 친구의 도움과 힘으로 만들어진다. 결코 혼자서는 독불장군 식으로 정글과도 같은 사회생활에 적응하기가 힘들다. 사람들은 흔히 이를 '인맥 네트워크'라고 부른다. 우스갯소리로 금맥金脈보다 중요한 것이 인맥人脈이라고 하지 않던가.

버핏 회장에게는 찰리 멍고라는 평생의 동지가 있다. 어릴 때부터 알고 지냈던 친구가 평생의 사업 동반자가 된 케이스다. 찰리 멍고가 있었기에 워렌 버핏이 빛을 발한 것이다.

찰리 멍고는 버핏과 같이 오마하 출신으로 고향이 같다. 버핏의 할아버지가 운영했던 식료품 가게에서 찰리 멍고는 심부름꾼으로 일을 했다. 손님이 산 물건을 계산하고, 물건을 배달하고, 쓰레기를 비우는 일을 하면서 버핏의 할아버지를 옆에서 도왔다. 버핏과 찰리 멍고의 인연은 이렇게 맺어져 오늘날까지 이어지고 있다.

찰리 멍고는 버핏보다 7살이 많으니까 버핏에게는 형이 된다. 어릴 때에는 만나면 서로 가볍게 인사를 할 정도였다. 하지만 버핏이 26살 되던 때에 이들은 다시 운명적인 만남을 갖게 되고, 평생의 사업동지로 발전하게 된다.

찰리 멍고의 아버지는 변호사, 할아버지는 판사였다. 멍고 자신도 집안의 가풍을 이어받아 법률가가 되기 위해 열심히 공부했다. 그는 대학을 졸업하지도 않은 상태에서 미국 동부의 명문 하버드 대학 로스쿨(법률대학원)에 거뜬히 합격했다. 그때까지 학사 학위 없이 하버드대학 로스쿨에 입학한 사람은 멍고 이외에는 없었을 정도로 그는 뛰어난 두뇌와 열정을 가진 학생이었다.

버핏과 멍고의 대학 생활에서 발견할 수 있는 공통점은 자신의 목표를 일찍 설정하고 목표를 위해 정열적으로 노력했다는 점이다. 버핏은 컬럼비아 대학에서 벤저민 그레이엄 교수 밑에서 공부하며 최우수학생으로 졸업했고, 멍고도 하버드 대학 로스쿨을 졸업할 때 335명의 동급생 중에서 우등평가를 받은 12명에 포함되었을 정도로 뛰어났다.

버핏은 훌륭한 투자가가 되겠다는 꿈을 실현하기 위해 벤저민 그레이엄 교수를 찾았고, 멍고는 법률가가 되겠다는 꿈을 안고 하버드 로스쿨에서 열정적으로 공부를 했다. 그리고 그들이 어릴 때 간직했던 꿈은 현실로 나타나 결실을 맺게 된다.

멍고는 하버드 대학을 졸업하고 미국 서부의 캘리포니아주로 이사해 LA에 '멍고 톨슨 앤 올슨Munger, Tolls & Olson'이라는 개인 법률사무소를 개업한다. 버핏의 할아버지가 운영했던 식료품 가게에서 심부름꾼으로 일하면서 간직했던 꿈을 실현한 순간이었다. 명석한 머리와 날카로운 분석력, 법률이론을 모두 겸비한 멍고의 사무실에는 변호를 의뢰하는 사람들이 줄을 이었다.

버핏은 오마하의 투자가로서, 멍고는 LA의 유명 변호사로서 그들의 인생을 성공적으로 출발한 것이다.

/ 직언하는 멍고 부회장, 수용하는 버핏 회장 /

버핏과 멍고의 만남은 1956년, 버핏이 26살 되던 때에 다시 이루어진다. 버핏의 투자파트너였던 친구의 소개로 버핏과 멍고는 오마하의 한 레스토랑에서 다시 만난다.

"멍고 형, 오랜만입니다."

"잘 지냈나? 버핏. 투자가로 명성을 날리고 있다는 얘기는 들었네. 어릴 때의 꿈을 이루었구만."

"아니에요. 이제 시작에 불과해요. 멍고 형, 제가 만남을 요청한 것은 한 가지 제안이 있기 때문이에요. 저와 같이 투자 사업을 해보지 않을래요?"

버핏은 멍고에게 투자파트너로 같이 일하자는 제안을 했다. 어릴 때부터 지켜보았던 멍고 형의 성품과 능력을 일찌감치 알고 있었기 때문이다.

버핏의 제안을 받고 LA로 돌아온 멍고는 머릿속이 복잡했다. 할아버지와 아버지의 뒤를 이어 변호사의 길을 걷고 있는데 자신의 세계와 영딴판인 투자가의 길로 들어서는 것은 또 하나의 도전이었기 때문이다.

하지만 어릴 때부터 지켜보았던 동생 버핏의 능력과 열정, 도전정신을 익히 알고 있었던 멍고는 며칠 후 "그래, 같이 한번 해보자"라는 답변을 준다.

삼국지에 나오는 유비와 관우, 장비가 복숭아 동산에서 '도원결의桃園結義'를 맺었던 것처럼 버핏과 멍고는 오마하에서 평생을 투자가로서 함께 하기로 굳은 맹세를 하게 된다.

훗날 워렌 버핏이 찰리 멍고와 같이 투자자를 모아 투자회사를 설립하고 버크서 해서웨이의 회장과 부회장이 되어 세계 금융시장을 움직이는 인물이 되는 계기는 이렇게 만들어진 것이다. 버핏은 '인생 최고의 투자는 친구'라는 생각을 일찌감치 간파하고 있었다.

나는 버크서 해서웨이 주주총회에서 버핏 회장과 멍고 부회장을 모두 만난 적이 있다. 5일 동안 버핏 회장과 멍고 부회장을 따라다니며 그들의 말 하나, 행동 하나하나를 보고 듣고 배웠다.

버핏 회장과 멍고 부회장은 모두 안경을 끼고 있고, 뛰어난 투자가라는 점을 제외하고는 닮은 점이 거의 없다. 버핏 회장이 유머와 장난을 좋아하고 사람들과 이야기하는 것을 즐기는 스타일이라면, 멍고 부회장은 무뚝뚝하고 논리적이고 상대방의 잘못을 바로 지적하는 스타일이다.

멍고 부회장이 장남의 성격을 갖고 있다면 버핏 회장은 막내의 성격을 가지고 있다고 할까. 사실 멍고 부회장은 버핏 회장보다 나이가 7살이나 많지 않은가.

"멍고 부회장은 어떠한 복잡한 문제라도 30초 만에 핵심을 간파하는 능력을 가지고 있지요. 그는 똑똑하고 예리한 사람입니다."

버핏 회장이 멍고 부회장을 이렇게 소개했다.

내가 만난 멍고 부회장은 국제경제 흐름을 분석하고 투자결정을 내리는 데 있어 버핏 회장과 의견이 다를 경우에는 침묵으로 일관하지 않고 바로 자신의 의견을 내놓았다.

"버핏, 저의 생각은 당신과 다릅니다. 한발 물러나서 다른 면을 한번 분석해 보고 다른 방안을 마련하는 것은 어떨까요?"

이런 일도 있었다. 버크서 해서웨이가 회사용 제트기를 구입했을 때의 일이다. 버핏 회장은 회사의 업무생산성을 높이는 일이라고 판단해 이사회의 결정을 굳이 반대하지 않았다. 하지만 멍고 부회장이 버럭 화를 냈다.

"큰돈을 들여 회사용 제트기를 살 필요가 있나요? 회사 돈으로 제트기를 구입하는 것은 주주들에게 손해를 끼치는 행위입니다. 저는 찬성할 수 없습니다."

멍고 부회장은 회사 경영진이나 버핏 회장의 판단과 선택이 잘못되었다고 생각될 때에는 주저하지 않고 반대의견을 내놓았다. 상대방의 눈치를 살피거나 아부하는 스타일이 아니다.

사실 버핏 회장은 멍고 부회장을 만나 더 많은 돈을 벌고 투자기회를 더욱 늘릴 수 있는 안목을 키우게 된다. 버핏은 기업의 실적을 중요시한다. 회계장부 상에 나타난 수치들을 보고 투자결정을 내린다. 남들은 세계적인 투자가인 버핏 회장의 투자 철학에 다른 의견을 내놓기를 꺼리지만, 멍고 부회장은 망설이지 않고 조언을 한다.

"버핏, 이제는 당신의 투자스타일에도 변화가 필요해요. 기업의 회계장부만으로 투자선택을 해서는 안돼요. 지금 실적이 좋지 않더라도 기업의 미래가치가 크다면 그 기업은 분명히 성공할 거예요. 앞으로는 기업의 미래가치에 대해서도 연구해야 합니다."

이처럼 멍고는 버핏에게 기탄없이 할 얘기는 했다. 그리고 중요한 것은 버핏은 멍고의 충고나 지적을 아니꼽게 생각하지 않고 그대로 포용하는 배포와 아량을 가졌다는 점이다.

친구로서 할 말은 하는 멍고도 뛰어나지만 친구의 충고를 거리낌 없이 받아주는 버핏의 태도는 더욱 빛난다고 할 수 있다.

/ 빌 게이츠와 스티머 발머는 극과 극 /

워렌 버핏과 찰리 멍고의 돈독한 친구관계는 마이크로소프트의 빌 게이츠와 스티브 발머와의 관계에서도 그대로 확인할 수 있다.

오늘날 빌 게이츠가 있기까지는 보이지 않는 곳에서 그를 도와준 '단짝 친구' 스티머 발머가 있었기 때문에 가능했다. 지난 2000년부터 빌 게이츠의 뒤를 이어 마이크로소프트의 CEO를 맡고 있는 발머는 세계 역사상 가장 성공한 월급쟁이로 평가받는 인물이다. 발머는 세계적인 명성을 자랑하는 경제잡지 「포브스」가 발표하는 세계 부자 랭킹에 꼭 포함될 정도로 부와 명예를 한손에 쥔 사람이다.

스티브 발머는 1956년 스위스계 아버지와 유태인 어머니 사이에서 태어났다. 빌 게이츠보다 한 해 늦게 태어났으니 발머가 동생인 셈이다. 발머의 아버지는 일자리를 구하기 위해 '아메리칸 드림'의 희망을 품고 미국으로 이민와 포드자동차에서 근로자로 일했다.

풍족하지 않은 가정살림 속에서 발머는 열심히 공부했다. 부자 집안 아이들은 기부금만 내고 동부의 명문 아이비리그 대학을 쉽게 들어갈 수 있었지만, 발머에게는 불가능한 일이었다.

"우리 집안은 그리 넉넉하지 않아. 반드시 나의 능력과 실력으로 대학에 들어가고, 나만의 인생을 개척하고 말거야."

남들에게 뒤지기를 싫어했던 발머가 어린 시절 인생철학으로 삼았던 문구이다. 발머의 부모님도 발머의 교육에 높은 관심을 보이며 발머를 응원했다. 발머의 학창시절에 대해 동네 사람들은 이렇게 말했다.

"발머는 대단히 열심히 공부하고 매사에 적극적이었죠. 발머의 어머니와 아버지는 학교에 자주 고개를 내미는 편이었으며, 보통 극성이 아니었습니다. 어머니는 학교수업이 끝나면 발머를 태우고 로렌스 공과대학의 수학교실로 데려갔습니다. 수학경시대회라면 미시간주에서 안 가는 데 없이 데리고 다녔습니다. 주 전체에서 3등을 한 적도 있었습니다."

자신의 노력과 부모님의 지원으로 발머는 1973년 6월 졸업생 대표로 컨드리데이 고등학교에서 고별사를 읽고 졸업한다. 발머는 4년 내내 최고 성적을 유지한 학생에게 수여하는 상을 받았으며, 그의 학점 평균은 4.0 만점이었다.

발머의 재능을 일찌감치 간파한 하버드 대학은 발머에게 1학년을 거치지 않고, 곧장 2학년으로 입학할 수 있도록 허락했다. 그만큼 발머의 성적은 뛰어났고, 수업 이해도가 높았다. 하지만 발머의 부모님은 아무리 능력이 뛰어나더라도 정해진 과정을 거쳐야 한다며 이를 거절하고, 발머에게 1학년 교과 과정부터 차곡차곡 공부하도록 시켰다.

발머는 하버드 대학에서 평생의 친구이자 동무인 빌 게이츠를 만나게 된다. 하버드 대학에는 커리어 하우스Currier House라는 학생들을 위한 기숙사가 있다. 발머와 빌 게이츠는 이곳에서 기숙사 생활을 하면서 서로에 대해 관심과 호감을 갖게 된다.

발머와 빌 게이츠는 모두 수학에는 천재적인 능력을 가졌지만, 성격은 극과 극이다. 버핏 회장과 찰리 멍고 부회장처럼. 빌 게이츠는 사교성이 없고 내성적인 편이었고, 발머는 의기양양하게 나서기를 좋아하는 스타일이었다.

빌 게이츠는 2학년 때 하버드 대학을 중퇴한다.

"나는 하버드 대학에서 배울 수 있는 건 다 배웠어. 이제 그만두어야겠어."

학교를 중퇴한 빌 게이츠는 하버드 대학에서 만난 폴 앨런이라는 친구와 함께 뉴멕시코주로 가 마이크로소프트를 창업한다. 이후 마이크로소프트는 미국 서북부에 있는 시애틀로 자리를 옮겨 지금까지 이어져 내려오고 있다.

빌 게이츠와 헤어진 발머는 하버드 대학 응용수리경제학과를 졸업한 뒤 스탠퍼드 경영대학원에 입학하지만 빌 게이츠와 마찬가지로 중퇴를 결심한다. 발머와 빌 게이츠는 공부를 못해서, 학창시절을 게을리 보내서 중퇴를 한 것이 아니라 자신들의 꿈을 하루라도 빨리 실현하기 위해 학업을 포기했다는 공통점을 갖고 있다.

/ 빌, 발머를 꼭 잡아라 /

발머는 스탠퍼드 대학 중퇴 이후, 생활용품 회사인 P&G에 입사해 식품사업부에서 사회생활을 시작한다. 당시 마이크로소프트의 빌 게이츠는 유능한 인재를 스카우트하기 위해 애쓰고 있었다.

발머의 잠재력을 옛날부터 알고 있었던 빌 게이츠의 어머니가 저녁식사 자리를 주선한다. 저녁식사가 끝난 후 어머니가 빌 게이츠에게 말했다.

"빌, 발머를 잡아라. 바로 네가 찾는 사람이다."

빌 게이츠는 어머니의 조언을 받아들여 발머를 마이크로소프트에 영입하게 된다.

세월이 흘러 발머는 다음과 같이 회상했다.

"마침내 나는 결심했습니다. 빌 게이츠는 누구보다도 뜨거운 정열을 지녔고, 집중력도 대단했습니다. 그는 자신이 하는 일을 분명히 알고 있었고, 철저히 파고들었고, 또 일을 아주 좋아했습니다. 내가 대단하다고 생각하는 친구의 일이라면 같이 한번 도전해볼 만한 가치가 있다고 생각했습니다. 제가 마이크로소프트로 가기로 결정한 것은 빌 세이츠가 있었기 때문입니다."

발머는 마이크로소프트의 28번째 사원이 된다. 빌 게이츠는 발머의 능력과 재능을 익히 알고 있었기 때문에 다른 직원들보다 연봉도 많이 주고 인센티브도 두둑하게 챙겨 주었다. 빌 게이츠와 발머는 밤을 새워가며 연구에 매달렸고, 제품판매에 열중했다.

빌 게이츠가 마이크로소프트가 나아가야 할 방향과 전략을 세우는 일을 맡았고, 발머는 목표에 도달하는 방법을 찾아내는 일을 담당했다. 빌 게이츠가 전략가라면 발머는 행동대장이었던 셈이다. 이들의 노력에 힘입어 마이크로소프트는 승승장구했고, 세계 역사상 가장 위대한 소프트웨어 회사로 성장했다.

발머의 능력과 추진력, 리더십에 매료된 빌 게이츠는 2001년 1월 13일 공식적으로 CEO의 자리를 발머에게 물려주게 된다. 그리고 빌 게이츠 자신은 회장직만 유지한 채 소프트웨어 개발업무에만 전념한다. 오늘날의 마이크로소프트, 빌 게이츠 회장이 있기까지는 발머라는 존재가 큰 역할을 했다. 발머는 빌 게이츠의 오른팔이 되어 회사가 곤경에 처할 때마다 저돌적인 추진력으로 문제를 해결해 나갔다.

비록 성격과 취미는 크게 달랐지만 이들은 서로에 대한 신뢰와 믿음으로 대학교 때 맺어진 인연을 지금까지 이어오고 있는 것이다. 친구라는 단어가 가지는 친근감과 무게감이 크게 퇴색되어가는 오늘날, 빌 게이츠와 발머는 진정한 친구의 의미를 되새겨 보게 한다. 빌 게이츠와 발머의 우애는 버핏 회장과 멍고 부회장의 우정만큼 오랜 것이며, 서로가 상대방의 단점과 결점을 잘 보완해 준다.

여러분도 여러분의 단점과 모자라는 부분을 '비난'하는 친구가 아니라 사심 없이 '비판'하는 친구를 두어야 한다. 친구를 통해 자신의 잘못을 바로 잡아 나갈 수 있다. 세계 최고의 부자 버핏 회장과 빌 게이츠 회장은 자신의 잘못을 지적하고, 약점을 보완해 주는 친구를 만나 오늘날의 성공과 부를 이룰 수 있었던 것이다.

인도 속담에 '부자인 친구가 파티에 초대하면 가세요. 하지만 가난한 친구에게는 초대되지 않았을 때 찾아가세요' 라는 말이 있다. 다른 사람이 나의 친구가 되기를 기다리기보다는 내가 먼저 다른 사람의 친구가 되어야 한다는 것을 함축적으로 표현한 말이다. 특히 어려움에 처한 친구에게 따뜻한 손길을 내밀면 그 친구는 진정으로 나를 이해하는 파트너가 되어줄 것이다. 좋은 친구가 생기기를 기다리는 것보다 스스로가 누군가의 좋은 친구가 되었을 때 행복해지는 법이다.

6. 은혜 입은 일은
대리석에 새겨라

보답
repay

/ 궁지에 몰린 살로먼 은행 /

우리는 다른 사람들과의 관계와 어울림 속에서 살아간다. 나 혼자 독불장군 식으로 살아갈 수 없으며 언제나 다른 사람들과 어울리면서 생활한다. 때때로 어려움에 처하거나 곤궁에 빠질 때에는 다른 사람들의 도움을 받기도 한다. 하지만 어떤 사람들은 다른 사람들의 도움을 받을 때에는 허리를 굽신거리지만 시간이 지나면 언제 그랬냐는 듯이 까맣게 잊어버리는 경우가 많다. 어떤 사람들은 은혜를 원수로 갚기도 한다. 버핏 회장은 다른 사람에게 받은 도움과 은혜에 대해서는 반드시 보답을 해야 한다고 강조한다. 인간의 기본적인 도리라고 생각하기 때문이다.

지난 1991년에 있었던 일이다. 미국의 대형 투자은행인 살로먼^{Salomon}

은 큰 곤경에 처해 있었다. 일부 직원들의 국채 부정입찰 사건으로 자금 줄이 막혀 회사경영이 파탄 직전까지 내몰렸다. 미국 정부가 발행하는 채권입찰에 참여하면서 일부 몰지각한 직원들이 부정한 방법으로 이익을 올리려고 했던 것이다.

투자자들은 '살로먼은 믿을 수 없다'며 돈을 빌려 주려고 하지 않았고, 기존 거래 회사들도 살로먼과의 관계를 정리하려고 했다. 시간이 지날수록 살로먼의 경영환경은 어려워졌고, 일부에서는 살로먼이 곧 파산할 것이라는 소문이 나돌기도 했다.

버핏 회장과 버크셔 해서웨이의 멍고 부회장은 살로먼의 이 같은 부정거래에 불같이 화를 냈다. 살로먼 CEO인 굿 프렌드가 사실을 빨리 주주들에게 공개하지 않고, 쉬쉬하며 숨겼기 때문이다.

미국 연방정부도 "살로먼 은행은 미국 국채 입찰에 더 이상 직접 참여할 수 없다"는 성명을 발표했다. 살로먼의 파산이 현실로 다가오고 있는 순간이었다.

막다른 골목에 몰린 살로먼 은행을 구하기 위해 버핏 회장이 나서게 된다. 버핏 회장은 부정거래의 책임을 물어 살로먼 은행 CEO 굿 프렌드를 이사회에서 정식으로 해임시켰다. 미국 국민과 언론들로부터 쏟아지는 비난을 수용해야 했기 때문이다.

그리고 살로먼 은행을 곤경에서 구하기 위해 미국 정부를 대상으로 대화와 설득을 계속했다. 버핏 회장은 미국 재무부 장관인 브레디를 만나 자신이 살로먼 회장에 취임해 살로먼 은행을 개혁시키겠다는 약속을 한다. 버핏 회장의 능력과 청렴성을 익히 알고 있었던 브레디 장관도

이에 동의한다. 이후 버핏 회장은 유능한 인재들에게 살로먼 은행의 중요한 직책을 맡겨 살로먼을 위기에서 구해내는데 일등공신 역할을 한다. 버핏 회장은 어려움에 처한 살로먼 은행을 왜 적극적으로 도와주었을까.

/ 버핏 회장이 살로먼 은행을 도운 이유 /

자신이 입은 은혜는 반드시 갚아야 한다는 믿음 때문이었다. 지난 1967년 보험회사 가이코GEICO는 재정적으로 큰 어려움에 놓여 있었다. 당시 37살의 워렌 버핏은 파산 위기에 몰린 가이코의 주식을 사들이고 있었다. 이미 큰돈을 투자한 버핏 회장도 어떻게 해서든지 가이코를 살리기 위해 투자자들을 설득하며 백방으로 뛰고 있었다. 가이코 경영진들은 돈을 지원해 줄 투자자들을 찾아 나섰지만 문전박대를 당하기 일쑤였다. 이때 가이코를 회생시키기 위해 우군으로 나선 사람이 살로먼의 제2인자였던 굿 프렌드였다. 살로먼은 곤경에 빠진 가이코에 자금을 지원해 주었고, 버핏 회장도 가이코 주식투자 규모를 늘리며 가이코를 부도 위기에서 구해낼 수 있었다.

버핏 회장 입장에서는 굿 프렌드와 살로먼 은행으로부터 큰 도움을 받았던 것이다. 이후 버핏 회장은 살로먼 은행의 주식을 사들여 최대주주가 된다. 버핏 회장은 살로먼 은행의 주식을 사들인 이후, 열린 버크서 해서웨이 주주총회에서 다음과 같이 말했다.

"제가 살로먼 주식을 산 것은 은혜에 보답하기 위한 것입니다. 가이코가 어려움에 처했을 때 살로먼은 우리를 도와주었습니다. 이처럼 큰 은혜를 입었기 때문에 살로먼이 곤경에 빠졌을 때 도와주는 것은 당연한 일입니다."

버핏 회장은 살로먼 은행을 물심양면으로 도와주면서 살로먼 은행을 회생시키는 데 성공했다. 하지만 버핏 회장이 살로먼 은행의 회장과 CEO로 있으면서 받은 연봉은 1,000원에 불과했다. 그리고 살로먼의 경영이 정상화되고 어려운 문제들이 해결되자 1992년 살로먼의 경영을 전문가에게 맡기고 회사에서 깨끗이 물러났다.

자신에게 은혜를 베풀었던 회사에게 도움을 주고, 자신은 아무런 이득이나 특혜를 챙기지 않았다. '남에게 받은 은혜는 반드시 갚아야 한다'는 부모님의 가르침을 실천에 옮겼던 것이다.

오늘날 버핏 회장이 버크셔 해서웨이 주주들을 위해 신나고 즐거운 주주총회를 개최하는 것도 주주들에 대한 고마움을 표현하기 위한 것이다.

지난 1963년 버크셔 해서웨이를 인수할 때에만 하더라도 버크셔 해서웨이는 다 쓰러져가는 섬유회사에 불과했지만 주주들이 믿음을 저버리지 않고 투자를 했기 때문에 지금은 세계적인 투자회사로 성장할 수 있었다.

버핏 회장의 탁월한 투자감각이 큰 힘이 되었겠지만 주주들의 격려와 도움으로 버크셔 해서웨이는 글로벌 기업이 되었다. 버크셔 해서웨이는 자동차보험으로 유명한 가이코와 제너럴리 등 보험회사를 포함해 76개의 투자 자회사를 소유하고 있으며, 여기서 일하는 직원 수도 23만

명에 달한다. 버크셔 해서웨이가 코카콜라, 아메리칸 익스프레스(신용카드), 프록터 앤 갬블(생활용품), 포스코(철강) 등의 회사에 투자한 금액도 75조 원^{750억 달러}에 달한다. 초창기 12명에 불과했던 주주총회 참가자들은 2005년 처음으로 2만 명을 넘어섰고, 지금은 3만 명 이상으로 늘어났다. 해마다 10% 이상 늘어나고 있는 것이다. 버핏 회장은 오늘날의 버크셔 해서웨이가 존재할 수 있었던 것은 주주들의 따뜻한 애정이 있었기에 가능했다고 생각한다. 그래서 주주들로부터 받은 은혜에 조금이라도 보답하기 위해 주주들을 주주총회에 초대해 즐거운 시간을 보내는 것이다. 또 회사경영과 관련해 주주들에게 꼭 알려야 할 소식이나 내용이 있으면 직접 편지를 써서 주주들에게 보낸다.

버핏 회장이 살로먼 은행을 도와준 것이나 정성을 다해 주주총회를 준비하는 것이나 이는 모두 자신이 입은 은혜에 대해서는 보답해야 한다는 철칙을 가지고 있었기 때문이다.

현대사회에서는 따뜻한 인정이 점점 메말라가고 있다. 대신 콘크리트처럼 딱딱한 인간관계가 형성되고 있고, 돈을 위해서는 가까운 친구나 부모까지 배신하기도 한다. 남들로부터 신의를 얻기는 힘들지만 잃기는 한순간이다.

벤자민 프랭클린은 "손해 본 일은 모래 위에 새겨 두고, 은혜 입은 일은 대리석에 새겨 두세요"라고 강조하지 않는가. 내가 금전적인 손해를 본 것은 마음에 새겨 두지 말고 빨리 잊어버려야 한다. 하지만 내가 다른 사람의 신세를 졌거나 다른 사람들로부터 은혜를 입었을 때에는 평생 잊지 말고 나중에 반드시 갚아야 한다는 것이다.

버핏 회장은 남들에게서 받은 은혜는 마음속에 깊이 기억해 두었다가 자신이 베풀 만한 위치가 되면 반드시 보답해야 한다고 역설한다. 버핏 회장이 우리들에게 제시하는 성공 처세술의 중요한 원칙이다.

7. 실패는 절망이 아니라
포기할 때 온다

끈기
Tenacity

/ 로즈 부인과 네브래스카 퍼니처 마트 /

버크서 해서웨이 주주총회가 끝나고 나는 '네브래스카 퍼니처 마트' 를 방문한 적이 있다. 버핏 회장이 주주총회가 끝나면 네브래스카 퍼니 처 마트에서 작은 행사가 있을 것이라는 안내를 했기 때문이다.

주주총회장에서 택시를 타고 30분가량 달려서 네브래스카 퍼니처 마트에 도착했다. 축구 운동장 수십 개를 합쳐 놓은 듯한 넓이를 자랑하 는 주차장은 주주들과 손님들로 붐볐고 손님들은 네브래스카 퍼니처 마트에서 가구를 구경하느라 정신이 없었다. 아기자기한 어린이 가구 를 비롯해 책상, 옷장 등 수많은 가구제품들이 매장을 채우고 있었다. 마치 가구 박물관을 구경하는 듯했다.

네브래스카 퍼니처 마트는 버크서 해서웨이가 투자해 소유하고 있는 기업 중의 하나로 미국 최대의 가정용 가구매장이다. 원래 네브래스카 퍼니처 마트는 유태계 러시아 출신인 로즈 블럼킨 여사가 창업하고 소유한 기업이었지만 버핏 회장이 끈기와 집념으로 인수한 회사이다. 주주들과 손님들은 버핏 회장이 운영하는 가구 매장에서 값싸고 품질 좋은 가구들을 구경하느라 연신 싱글벙글거렸고, 가구 매장을 방문한 그 자체가 의미 있는 일이라고 생각하는 것 같았다. 각양각색의 가구를 배경으로 카메라 플래시를 터뜨리며 사진을 찍는 구경꾼들도 많았다. 버핏 회장과 관련된 회사와 제품 하나하나가 추억거리였고 기념품이었던 것이다.

매장을 구경하다 허기를 느낀 나는 네브래스카 퍼니처 마트에서 나와 맞은편에 위치한 베트남 음식점에 들렀다. 식당 주인이 이렇게 말했다.

"예전에 버핏 회장은 오마하를 방문하는 사람들이나 주요 주주들에게 로즈 블럼킨 여사를 만나 보고 가라고 권했어요. 나는 이곳에서 오랫동안 살았기 때문에 로즈 여사와 관련된 일화를 많이 알고 있어요. 그녀의 키는 147cm에 불과하지만 굉장한 파워를 가지고 있었어요. 버핏 회장은 경영학과 대학생이나 유통업체 관계자들에게 로즈 블럼킨 여사의 일에 대한 집념과 그녀의 인생철학에 대해 자주 이야기하곤 했지요. 버핏 회장은 로즈 블럼킨 여사를 오마하를 대표하는 상징적인 인물로 여기고 있었어요. 저도 가끔씩 로즈 블럼킨 여사를 보곤 했었는데 작은 체구에서 뿜어져 나오는 카리스마가 대단했어요. '나도 저렇게 인생을 치열하게 살았더라면……' 하고 후회도 하게 되고요. 이제 고인이 되었지만 가끔씩 로즈 부인 생각이 많이 나요."

/ 가난한 랍비의 딸 로즈 블럼킨 /

나는 지난 1998년 작고한 로즈 블럼킨 여사를 직접 만나볼 수는 없었다. 하지만 네브래스카 퍼니처 마트를 소개하는 영상자료에서 그녀의 모습을 확인할 수 있었다. 로즈 여사는 '욕쟁이 할머니' 이다. 골프 카트용 차를 타고 매장을 둘러보면서 정리정돈이 제대로 되어 있지 않거나, 직원 복장이 불량하거나, 손님 대하는 태도가 좋지 않을 때에는 불같이 화를 낸다.

'이런 바보같은 놈' '넌 해고감이야' '이런 식충이들' 등과 같은 육두문자를 토해내면서 그녀는 직원들을 다그친다. 순대국밥집 욕쟁이 할머니의 상스러운 욕이 다정다감하게 느껴지는 것처럼 로즈 부인의 목소리에도 꾸지람과 함께 애정이 같이 배어 있었다. 그래서 직원들은 로즈 부인을 좋아했다. 네브래스카 퍼니처 마트는 로즈 부인이 가난과 고난을 이겨내고 평생을 바쳐 일구어낸 회사이다.

그런데 왜 버핏 회장에게 회사를 넘겼을까 궁금해진다. 하지만 답은 간단하다. 버핏 회장의 끈기와 집념이 로즈 부인을 감동시켰기 때문이다. 그녀의 인생이야기는 잔잔한 감동을 전하는 한편의 드라마이며, 역경을 승리로 바꾸어가는 휴먼 다큐멘터리이다. 버핏 회장과 로즈 부인의 만남을 살펴보고 이들이 전하는 인생교훈에 대해 들여다보자.

로즈는 1893년 러시아 민스크지역의 시골마을에서 태어났다. 유태인 랍비였던 아버지는 로즈를 학교에 보낼 수도 없을 정도로 가난했다. 로즈의 꿈은 미국으로 이민을 가는 것이었다. 당시 유럽 사람들은 유태인을 멸시했다. 유태인들은 '게토getto'라는 곳에서 천민취급을 받으며 살았다.

미국의 대표적인 작가 너대니얼 호손이 1850년 발표한 『주홍글씨』라는 책이 있다. 목사와의 사이에서 사생아를 낳은 여주인공 헤스터 프린이 주홍글씨 'A'를 가슴에 달고 다니며 사람들의 멸시를 받는 내용이다. 당시 유태인들은 주홍글씨 A를 달고 다녀야 했던 헤스트 프린처럼 모진 학대를 당하는 민족이었다. 그들은 평생 동안 유태인을 상징하는 노란색의 '다윗의 별'을 가슴에 품고 살아야 했다.

로즈가 미국으로 이민을 가기로 결심한 것은 이 같은 환경과 무관하지 않았다. 그녀는 고통스러운 현실에 안주하기를 거부하고 자신의 꿈과 희망을 찾아 떠났다. 1916년 러시아혁명이 한창일 때 로즈는 21살 때 결혼한 남편 이사도르 블럼킨과 함께 미국행을 결심하고 행동에 옮겼다. 시베리아 횡단철도를 타고 중국으로 건너갔고, 다시 작은 배를 타고 일본 요코하마에 도착했다. 그리고 이곳에서 미국으로 향하는 화물선에 몸을 실었다. 로즈를 실은 배는 태평양을 건너 미국 서부의 시애틀에 도착했다. 목숨을 건 험난한 이민길이었다. 그리고 러시아를 떠난 지 3개월 만에 가까스로 시애틀에 도착할 수 있었다.

로즈는 정착지로 오마하를 선택했다. 당시 오마하는 철도와 정육산업이 발전하면서 노동수요가 몰려 이민자들이 많이 모여 살았었다. 로즈는 유태인 특유의 장사기질을 살려 작은 전당포를 차렸고 이후에는 잡화점을 운영했다. 속옷, 양복, 모피 코트, 신발, 모자 등을 10%의 이문을 붙여 팔았는데 특히 가구 주문이 많았다.

/ 북미 최대의 가구 매장을 일구다 /

로즈는 가구사업이 성공할 것이라는 직감을 갖고 '네브래스카 퍼니처 마트Nebraska Furniture Mart'라는 회사를 설립했다. 미국에 이민와서 갖은 고생을 하며 모은 돈을 여기에 투자한 것이다. 이번 기회를 놓치면 다시는 기회가 오지 않을 것으로 판단하고 결단을 내렸다.

꿈을 안고 시작했으나, 회사 설립과 함께 난관에 봉착했다. 경쟁관계에 있던 가구 상인들이 그녀가 너무 싼 가격에 가구를 판다고 불평하며 가구도매상들에게 그녀와 거래하지 말라고 협박했기 때문이다. 하지만 그녀는 도매상들이 그녀를 따돌리면 따돌릴수록 더욱 열심히 그리고 진실한 마음으로 일했다. 가구사업에 대한 로즈의 열정과 진실성은 입소문을 타고 점점 퍼지게 되었다. 그녀에게 등을 돌렸던 가구도매상들이 하나둘씩 그녀와 거래를 트기 시작하여 가구사업은 승승장구했다.

이런 일도 있었다. 로즈가 카펫사업을 할 때의 일이다. 그녀는 마셜 필드스라는 회사로부터 카펫을 구입해 10%가량의 이문만 남겨 팔았다. 그런데 마셜 필드스는 로즈가 가격규정을 위반해 할인된 가격으로 카펫을 팔았다며 법원에 소송을 제기했다. 마셜 필드스는 변호사 3명을 대동하고 법정에 들어섰지만, 로즈는 변호사도 없이 어눌한 영어로 재판관에게 호소했다. 소송은 한 시간 만에 끝났고, 로즈가 이겼다.

담당 재판관은 재판이 끝난 다음날 네브래스카 퍼니처 마트로 달려가 로즈가 판매하는 카펫을 1,400달러가량 샀다. 대기업의 협박에 굴하지 않고, 자신의 소신과 원칙을 끝까지 지킨 로즈에 큰 감동을 받았기 때문이다.

로즈는 자신의 아들 루와 함께 가구사업을 키워 나갔다. 오마하 사람들은 네브래스카 퍼니처 마트를 도시의 자랑으로 여기게 되었고, 로즈 부인을 'B부인'이라는 애칭으로 부르게 되었다. B부인은 블럼킴 부인을 줄여 부른 말이다. B부인은 오마하는 물론 인근 도시에서도 모르는 사람이 없을 정도로 유명세를 탔다.

로즈가 87살이던 1980년 초에 네브래스카 퍼니처 마트는 북아메리카를 통틀어 규모가 가장 큰 가구매장이 되었으며, 연간 매출은 1억 달러가 넘었다. 미국 중서부의 다른 주에 사는 사람들도 가구를 구입하기 위해 오마하로 올 정도였다. 네브래스카 퍼니처 마트는 그야말로 대박이었다.

네브래스카 퍼니처 마트의 놀라운 성장을 지켜보고 있었던 투자회사들이 하나둘씩 인수제안을 내기 시작했다. 이 중에는 버핏 회장도 포함되어 있었다. 세계에서 가장 큰 가구 매장을 운영하던 독일 회사도 네브래스카 퍼니처 마트를 인수하기 위해 물밑작업을 벌이고 있었다.

로즈 부인은 회사를 매각하는 데 부정적이었다. 평생 동안 공을 들여 이끌어온 네브래스카 퍼니처 마트는 그녀에게 존재 이유였기 때문이다. 하지만 버핏 회장은 로즈 부인의 아들인 루, 루의 아들인 론과 어브에게 회사매각을 설득했다. 그들과 수차례 만나 대화를 이어가면서 친분을 쌓아 나갔다. 다른 투자자들이 손을 들고 인수를 포기했지만, 버핏 회장은 끈기 있게 매달렸다. 버핏 회장은 이들을 현혹시키는 거창한 제안을 하기보다는 솔직하게 이들을 설득했다.

"지금 당장 회사를 팔 필요가 없을 겁니다. 제가 생각하기에 나중에 회사를 팔면 여러분은 더 큰돈을 벌 수 있을 겁니다. 여러분은 이 같은 사실을 잘 알고 있어야 합니다. 많은 투자자들이 여러분의 회사를 인수하기 위해 매달리고 있습니다. 하지만 이들 중에는 단기차익을 노리는 투자자들도 있습니다. 회사를 인수했다가 몇 년 후에 바로 네브래스카 퍼니처 마트를 다른 회사에 팔아버리는 것이죠. 또는 모든 경영활동에 간섭하며 여러분을 배제시킬 수도 있을 겁니다. 하지만 나는 그렇게 하지 않을 겁니다. 버크셔 해서웨이는 네브래스카 퍼니처 마트를 장기투자 대상으로 생각하고 있으며 경영과정에서 여러분의 의견을 존중할 것입니다. 나는 이 같은 약속을 지켜나갈 것입니다. 우리가 네브래스카 퍼니처 마트를 인수한다고 하더라도 여러분은 동업자 자격으로 회사에 계속 참여하게 될 것입니다."

버핏 회장은 꼼수를 부리지 않고 솔직하게 루와 루의 아들들을 설득했다.

/ 버핏 회장의 끈기를 인정한 로즈 부인 /

이 같은 협상내용은 로즈 부인의 귀에도 들어갔다. 당시 89세의 로즈 부인은 네브래스카 퍼니처 마트 매각에 대해서는 아들인 루를 포함해 가족들에게 일임하고 있었다. 로즈 부인은 버핏 회장이 솔직하고 겸손하게 가족들과 대화를 나누는 모습에 깊은 인상을 받았다. 점점 버핏 회장의 매력에 빠져들기 시작했다. 그리고 버핏 회장이 끈기 있게 매달리는 것을 보고 '정말 네브래스카 퍼니처 마트를 필요로 하는 사람이구나'라는 생각을 하게 되었다. 블럼킨 가족은 버핏 회장이야말로 네브래스카 퍼니처 마트를 인수할 적임자라고 생각하게 되었고 결국 가족회의를 통해 버크셔 해서웨이에 회사를 매각하기로 합의했다.

버크셔 해서웨이는 네브래스카 퍼니처 마트의 지분 90%를 5,500만 달러에 인수하는 계약을 체결했다. 로즈 부인의 두 눈에서 뜨거운 눈물이 흘렀다. 버핏 회장은 그 눈물이 무엇을 의미하는지 이해할 수 있었다. 한 평생 열정과 도전으로 일구어온 자신의 분신과 같은 회사를 매각하는 것에 대한 아쉬움을 충분히 이해할 수 있었다.

매각작업을 마친 뒤 로즈 여사는 버핏 회장의 도움으로 뉴욕 크레이턴 대학에서 명예박사 학위를 받았는데 그녀는 연단에 올라 졸업생들에게 짧은 연설을 했다. 러시아식 악센트가 들어간 어눌한 영어였지만 그녀의 연설에는 힘이 있었다.

"인생에서 성공하기 위해서는 우선 정직해야 합니다. 둘째 열심히 일해야 합니다. 만일 여러분이 원하는 직장을 구하지 못하고 있다면 그 회사를 찾아가 무슨 일이든 하겠다고 하십시오. 여러분이 능력만 갖추고 있다면 사람들은 앞다투어 여러분을 잡으려고 할 것입니다."

로즈 부인은 여러 대학에서 학위를 받았고, 졸업식 연설을 해달라는 부탁을 받았지만 크레이턴 대학에서 수여한 학위에 특별한 애착을 가졌다. 왜냐하면 이 대학이 네브래스카 퍼니처 마트 매장에서 카펫을 샀기 때문이다. 로즈 부인은 네브래스카 퍼니처 마트를 버핏 회장에게 매각한 이후에도 왕성하게 카펫사업을 벌이다 104살의 나이로 세상을 떠났다. 버핏 회장은 노년이 되어서도 자신의 일을 열정적으로 사랑하고, 매일 매일을 긍정적으로 살아가는 모습을 보인 로즈 부인에게서 큰 감동을 받았다. 80살을 넘긴 버핏 회장이 지칠 줄 모르는 열정으로 활동하고 있는 것도 로즈 부인에게서 배운 가르침이 아닐까 생각한다.

버핏 회장과 로즈 부인은 우리들에게 목표가 있으면 끈기 있게 매달리라고 말한다. 그 대상이 비단 사업에 국한되는 것은 아니다. 우리가 원하고, 희망하고, 바라는 것이 있다면 한번 실패했다고 해서 좌절하거나 포기하는 것이 아니라 될 때까지 노력하는 모습을 보여야 한다.

가난이 싫어 러시아에서 미국으로 이민 온 유태인 로즈 부인은 맨손으로 거친 세파를 이겨내며 네브래스카 퍼니처 마트를 미국 최대의 가구매장으로 만들었다. 150cm도 되지 않는 체구에서 그녀는 활화산처럼 뜨거운 열정을 뿜어내었다. 버핏 회장은 수차례 로즈부인과 블럼킨 가족을 만나고 설득한 후에야 네브래스카 퍼니처 마트를 인수할 수 있었다. 이처럼 힘들다고 포기하지 않고 끈기 있게 매달리다 보면 인생은 달콤한 과실을 선사한다.

에드거 앨버트 게스트는 끈기와 도전의 가치를 시로 표현했다.

〈포기하면 안되지〉

이따금 일이 잘 풀리지 않을 때.

험한 비탈을 힘겹게 올라갈 때.

주머니는 텅 비었는데 갚을 곳은 많을 때.

웃고 싶지만 한숨지어야 할 때.

주변의 관심이 되레 부담스러울 때.

필요하다면 쉬어가야지. 하지만 포기하면 안되지.

인생은 우여곡절 굴곡도 많은 법.

사람이라면 누구나 깨닫는 바이지만.

수많은 실패들도 나중에 알고 보면

계속 노력했더라면 이루었을 일.

그러니 포기는 말아야지. 비록 지금은 느리지만.

한 번 더 노력하면 성공할지 뉘 알까.

성공은 실패와 안팎의 차이.

의심의 구름 가장자리에 빛나는 희망.

목표가 얼마나 가까워졌는지는 아무도 모를 일.

생각보다 훨씬 가까울지도 모르지.

그러니 얻어맞더라도 싸움을 계속해야지.

일이 안 풀리는 시기야말로 포기하면 안되는 때.

8. 돈의 양면성을
보아라

교훈
Lesson

/ 월스트리트의 유래와 역사 /

잠깐 상식 차원에서 세계 최고의 부자동네가 된 뉴욕 맨해튼과 맨해튼 남부에 위치한 월스트리트에 대해서 간단히 소개하고자 한다.

TV 화면에도 월스트리트 거리가 자주 등장하고, 맨해튼의 아름다운 야경과 자유의 여신상, 유엔본부, 타임스퀘어, 브루클린 다리 등 관광명소를 쉽게 접할 수 있다. 맨해튼이 만들어진 유래와 역사를 이해한다면 더욱 더 친숙하게 뉴욕을 느낄 수 있을 것이다. 버핏 회장도 가끔씩 맨해튼을 방문한다.

월스트리트는 세계 금융의 중심지이다. 전 세계 이슬람교도들이 중동의 메카Mecca를 향해 예배를 하듯이 은행, 보험, 증권 등 글로벌 금융회사들은 뉴욕 맨해튼의 월스트리트로 몰려든다.

월스트리트를 빼놓고는 미국 경제를 설명할 수 없고, 자본주의 경제를 얘기할 수 없을 정도로 월스트리트는 자본주의를 대표하는 단어가 되었다. 주식과 채권, 달러, 파생상품 등 글로벌 경제를 움직이는 자본이 월스트리트라는 작은 금융 거리를 통해서 거래된다.

월스트리트가 불황에 빠지면 세계 경제가 둔화되고, 월스트리트가 활황을 보이면 세계 경제는 성장세로 돌아선다. 그럼 월스트리트와 맨해튼은 어떻게 해서 세계 금융자본을 스폰지처럼 흡수하는 블랙홀이 되었을까.

월스트리트의 역사는 미국의 역사와 맥을 같이 한다. 맨해튼 섬은 대항해 시대가 한창이었던 1524년 이탈리아의 항해사 '베르자노'에 의해 처음 발견되었다. 그후 100년이 지난 1625년 네덜란드 사람들이 허드슨 Hudson 강변으로 진출해 이곳을 뉴네덜란드라고 부르고, 맨해튼에 뉴암스테르담을 세워 식민지의 기반을 마련했다.

1626년 최초의 주지사였던 피터 미누이트가 이곳 인디언들에게 단돈 24달러에 해당하는 물품을 주고 맨해튼 섬을 구입했다.

네덜란느 사람들이 맨해튼을 개척하고 있을 때 천혜의 항구였던 뉴암스테르담은 당시 네덜란드와 거의 비슷한 시기에 미국으로 진출하고자 했던 영국이 눈독을 들이는 지역이었다. 결국 네덜란드와 영국은 1652년 제1차 영국-네덜란드 전쟁을 치르게 된다. 네덜란드 식민지였던 맨해튼을 영국인들의 공격으로부터 방어하기 위해 네덜란드 사람들은 나무 울타리와 목책을 설치했다. 이때 방어용 목책Wall을 쌓은 지역이 바로 월스트리트이다. 우리말로는 '목책을 쌓은 거리' 정도로 풀이할 수 있다.

월스트리트는 적을 방어하기 위해 목책을 쌓은 지역인데 오늘날은 세계 자본을 좌지우지하는 금융의 중심지로 변하게 된 것이다. 영국은 네덜란드와의 전쟁에서 승리를 거두었고, 뉴암스테르담은 영국 찰스 2세의 동생인 요크공의 이름을 따서 새로운 요크York라는 의미의 뉴욕New York으로 불리게 되었다. 네덜란드가 지배할 때에는 뉴암스테르담으로 불린 곳이 영국이 지배하면서 뉴욕으로 바뀐 것이다.

월스트리트는 초창기 내세울 것 하나 없는 허름한 뒷골목에 지나지 않았지만, 식민지였던 미국 경제가 18세기 급성장하면서 상업과 무역의 중심지가 된다. 하지만 1776년부터 6년간 이어진 미국 독립전쟁으로 상업과 무역의 중심지였던 월스트리트와 뉴욕은 도시 전체가 파괴되었으며, 두 차례에 걸친 대화재로 상업적 기반이 붕괴되었다.

그럼 월스트리는 어떻게 경제기반이 무너진 상황에서 세계 금융의 중심지로 발전하게 되었을까. 미국은 영국과의 독립전쟁에서 결국 승리를 거두고 미합중국으로 탄생한다. 미국의 건국공신 가운데 금융을 잘 이해하고 올바른 비즈니스 마인드를 가졌던 알렉산더 해밀턴은 초대 재무부 장관이 되어 미국 금융시스템을 대폭 개선시켰다.

뉴욕과 월스트리트는 본격적인 성장궤도에 들어서며 새로운 금융역사를 써 나가기 시작했으며, 미국 초대 대통령인 조지 워싱턴 대통령은 월스트리트 옆에 있는 뉴욕 시청City Hall에서 대통령 취임선서를 한다.

18세기 뉴욕의 주식브로커들은 비즈니스 업무가 늘어남에 따라 같은 장소에서 매매 체결업무를 수행할 필요성을 느끼게 되었고, 주식거래 장소를 물색하게 된다. 이 당시 대부분의 주식 매매는 커피를 마시는 커피숍에서 이루어졌다.

1792년 뉴욕의 주요 주식브로커들이 월스트리트에 있는 커다란 무화과나무 아래에 모여 주식매매 수수료는 매매금액의 0.25% 이하로는 받지 않는다는 약속을 하게 되는데 이것이 그 유명한 '버튼우드 합의서 Buttonwood Agreement' 이다. 세계 최대의 증권거래소인 뉴욕증권거래소 NYSE 가 세워진 것도 바로 이때의 일이다. 버튼우드 협정은 주식브로커들이 매매 수수료 담합을 적은 문서였으며, 이는 월스트리트 주식시장을 알리는 최초의 문서에 해당된다.

월스트리트 증권시장은 1803년 이리운하 Erie Canal가 건설되면서 급성장한다. 이리운하는 미국 북부의 이리 호수와 맨해튼의 허드슨 강을 잇는 대규모 공사였는데, 1825년 완공 이후 항구도시였던 뉴욕은 인구, 상업, 금융 모든 면에서 폭발적인 성장을 하게 된다. 월스트리트는 초창기에는 투기와 사기, 속임수가 난무했다. 운하, 철도 주식들이 투기와 거품을 양산했고, 돈이 많은 부자들은 인위적으로 주가를 끌어올려 큰돈을 챙기고 주식을 내다 팔았다.

건전한 주식투자는 상상하기 힘들었고 무모한 베팅과 속임수로 한몫을 챙기려는 투기가 기승을 부렸다. 1900년대의 월스트리트는 여전히 무질서한 시장체제를 보였으며, 1929년의 대공황과 함께 미국 경제에 큰 피해를 입히게 된다. 이후 제1차 세계대전 1914~1918년으로 영국과 프랑스가 전쟁비용에 허덕이며 세계 초강대국으로서의 지위를 잃게 되고, 미국이 그 자리를 대신하게 된다. 월스트리트와 뉴욕증권거래소가 세계 자본주의의 거점이 된 것은 이때부터이다. 이후 월스트리트는 주식매매의 투명성을 높이고 세계적인 금융기관들을 유치하면서 오늘날의 명성을 쌓게 되었다.

여기서 맨해튼과 월스트리트를 소개한 것은 앞으로 금융공부를 하거나, 미국 역사를 배울 때 참고가 되었으면 하는 바람에서다.

/ 절약과 희망은 연인 사이 /

세계 최고 부자인 버핏 회장은 검소한 생활과 절약하는 습관으로 너무나 유명하다. 절약하는 습관이 돈을 모으고, 부자가 되는 지름길이라는 사실을 너무나 잘 알고 있다. 작은 돈을 제대로 관리하지 못하는 사람은 큰돈이 주어져도 관리하지 못하는 법이다. 푼돈이 모여 종자돈이 되고 종자돈이 나중에 목돈이 된다. 오늘 흥청망청 돈을 소비하는 사람들이 나중에는 빚에 시달려 다른 사람들에게 손을 벌리는 경우를 자주 보게 된다.

"희망이 없으면 절약도 없습니다. 우리가 절약하고 아끼는 이유는 무엇인가요? 미래를 위해서입니다. 미래가 없다면 되는대로 살아갈 것입니다. 미래의 건설을 위해서 한 푼이라도 절약해야 합니다. 절약하는 마음 밭에 희망이 찾아옵니다. 절약과 희망은 연인 사이니까요."

윈스턴 처칠의 말이다.

여기에 소개하는 글은 구두쇠 아주머니가 뉴욕 월스트리트의 최고 부자가 되기까지의 과정을 적은 것이다. 세계 최고의 부자 동네에서 부자가 된 사연이다. 오직 돈만을 위해 사는 '돈의 노예'가 되는 것은 경계하고 조심해야 할 일이지만, 구두쇠 아주머니의 절약정신은 한번 음미해 볼 가치가 있다고 본다.

뉴욕 맨해튼 남부에 위치한 월스트리트 주변에는 세계적인 금융 회사들이 줄줄이 늘어서 있다. 점심시간이 되면 촌음을 아끼기 위해 금융회사에 다니는 직장인들이 햄버거와 샌드위치를 사들고 곧바로 사무실로 들어가는 것을 쉽게 볼 수 있다.

'시간이 바로 돈'인 월스트리트 금융맨들에게는 일분일초라도 지체하기가 아깝기 때문에 근사한 식당에서 느긋하게 식사를 하는 것은 꿈도 못 꿀 일이다. 골드만삭스, 모건스탠리, 시티은행 등 웬만한 투자은행의 CEO와 경영진들은 주식, 임금 등을 포함해 연봉이 수백억 원에 달하고, 일반 직원들의 연봉도 수십억 원에 달한다. 월스트리트는 그야말로 돈이 몰리는 거리이다.

맨해튼의 관광명소인 도널드 트럼프 빌딩과 타임스퀘어, 크라이슬러 빌딩처럼 화려하게만 보이는 월스트리트에도 전설적인 구두쇠 여인이 있었다는 흥미로운 사실이 눈길을 끈다.

주인공은 사상 최고의 구두쇠로 여성 재력가 중 처음으로 월스트리트에 상당한 파워를 행사했던 인물로 평가받고 있는 '해티 그린 Hetty Green 1834-1916년'이다. '짠순이'의 대명사가 되어 버린 그녀의 '돈 버는 기술'을 들여다보자.

/ 역사상 최고의 구두쇠 여인 /

해티 그린은 1834년 11월 21일 출생으로 미국 메사추세츠주 뉴베드퍼드에서 태어났다. 고래잡이를 하는 집안이었는데, 그리 풍족한 생활을 한 편은 아니었지만 중산층 소리는 들을 정도였다.

해티 그린은 워렌 버핏과 마찬가지로 어릴 때부터 금융과 이재에 남다른 관심을 보였다. 6살 때에는 아버지에게 주식과 채권 기사가 실린 금융신문을 줄줄 읽어줄 정도였으며, 13살이 되었을 때에는 집안의 회계업무를 도맡아 돈이 어떻게 들어오고 나가는지 꼼꼼히 가계부를 챙겼다. 해티 그린이 31살이 되었을 때 아버지가 세상을 떠났고, 그녀는 7억 5,00만 원을 유산으로 상속 받았다. 돈 욕심이 많았던 그녀는 어릴 때부터 터득한 남다른 금융지식을 활용해 상속 유산으로 전쟁채권Civil War Bond을 사들여 더 큰돈을 벌었다. 2년 뒤인 33살에 그린은 버몬트 집안의 재력가와 결혼하게 된다.

그린은 결혼 전, 자신의 모든 재산에 대해 남편이 일절 손을 대지 않는다는 각서를 받고서야 결혼을 승낙했을 정도로 돈에 대해 남다른 애착을 보였다.

당시만 해도 재테크는 남성들의 전유물로 여겨지던 시대였지만, 그녀는 자신만의 투자 철학을 고수하며 월스트리트에서 이름을 날리기 시작했다. 런던에 살고 있을 때에도 그녀는 남북전쟁 중이었던 미국이 발행했던 국채를 줄기차게 사들였다. 남들은 미국 정부가 지불능력이 없을 것으로 의심해 정부채권 매입을 꺼렸지만 그녀는 과감하게 전 재산을 투자했다. 결국 이러한 그녀의 투자 철학은 막대한 부를 그녀에게 안겨주게 된다. 한 해에만 12억 원의 이익을 챙기기도 했다. 그린은 여기서 모은 자금에 만족하지 않고 기회 있을 때마다 철도건설 채권을 구입하는 등 돈이 될 만한 곳은 모두 기웃거렸다.

남편이 투자를 잘못해 그녀 자신의 재산까지 차압당할 위기에 처하자 그린은 그녀의 재산을 은행에서 재빨리 인출했으며, 결국 남편에게 별거통지서까지 보낸다. 사람들은 그녀를 돈을 위해 사랑을 판 독한 사람이라고 혹평하기도 했지만 그녀는 개의치 않았다.

그린은 큰돈을 벌어도 쓰는 일이 없었다. 연료를 사용할 필요가 없는 오트밀로 한 끼를 때우고 세금을 줄이기 위해 싸구려 아파트에서 지내는 것을 마다하지 않았다.

그녀가 '사상 최고의 구두쇠'로 이름을 날리며 기네스북에까지 이름을 올린 데는 다 그만한 이유가 있었다.

어느 날 아들이 다리를 다치자 병원비를 아끼기 위해 집으로 데려가 치료를 하다 그만 아들의 다리를 잃게 만들었다. 그녀 자신도 15만 원의 수술비가 아까워 탈장수술을 기피했을 정도였다. 또 검은 드레스 한 벌로 평생을 버틴 것은 물론 속옷은 닳아질 때까지 갈아입지 않았다고 한다.

/ 뉴욕 월스트리트의 마녀 /

해티 그린의 관심은 온통 비즈니스와 돈벌이였지만, 그녀 뒤에는 항상 '구두쇠'라는 꼬리표가 따라 다녔다. 그녀는 아무리 날씨가 추워도

온열기에 손을 대지 않았으며, 따뜻한 물을 사용하지도 않았다. 심지어 물값이 아까워 손도 제대로 씻지 않았을 정도였다.

20원짜리 잃어버린 우표를 찾기 위해 밤을 새워가며 집안을 뒤진 것은 약과에 속한다. 그녀는 뉴욕 월스트리트에 위치한 은행 건물에 사무실을 두고 비즈니스를 했기 때문에 사람들은 그녀에게 '월스트리트의 마녀'라는 별명을 붙여 주었다. 하지만 사업에서 그녀는 남다른 수완을 발휘하며 재산을 모았다. 부동산과 철도건설에 집중적으로 투자했고, 여기서 번 자금을 다시 대출해 이자소득을 챙겼다. 심지어 뉴욕시까지 재정상태가 좋지 않을 때에는 그녀에게서 돈을 빌려갔다.

특히 1907년 미국 경제가 어려웠던 '경제 대공황' 시기에 뉴욕시는 그녀의 돈에 크게 의존했는데, 그녀는 11억 원짜리 수표를 끊어 주면서 짧은 기간에 이자를 지불하는 채권을 요구하기도 했다. 당시만 해도 여자들이 먼 거리 여행을 하는 것은 위험천만한 일이었지만, 그녀는 다른 사람들한테 빌려준 소액의 돈을 받아내기 위해 장거리 여행을 하는 위험도 마다하지 않았다.

해티 그린은 1916년 91살의 나이로 세상을 떠났다. 당시 재산은 2,000억 원, 요즘 가치로 환산하면 15조 원에 달하는 천문학적인 돈이다. 그 당시 여성이 가진 돈으로는 세상에서 가장 많았다. 그녀가 세상을 떠난 후 대부분의 재산은 아들과 딸이 물려받았으며, 그녀의 자식들은 어머니가 물려준 유산을 원없이 펑펑 썼고 동시에 여러 곳에 기부한 것으로 전해진다.

어릴 적 다리를 다쳤으나 진료비 15만 원을 아까워했던 어머니 때문에 썩은 무릎을 잘라내야 했던 아들 네드는 24살 애인에게 다이아몬드가 박힌 5,000만 원짜리 정조대를 선물하기도 했다.

딸 실비아는 자신의 전 재산 1,000억 원을 64개 자선단체에 기부하는 등 어머니와 다른 삶을 살았다.

결국 '구두쇠 마녀' 헤티 그린은 불행한 말년을 보냈고 이웃들은 물론 자식들에게서도 좋은 평판을 받지 못했다. 인생의 목표를 오직 돈과 재산으로 설정했기 때문에 마음의 평화와 여유를 전혀 얻지 못했던 것이다.

돈의 양면성을 볼 줄 알아야 한다. 주인이 되느냐, 노예가 되느냐. 우리가 돈의 노예가 된 그녀의 철학을 배워서는 안되겠지만, 그녀가 보여준 절약하는 정신과 검소한 생활습관은 한번쯤 생각해 봐야 하지 않을까 생각한다. 재산이 있어도 흥청망청 소비하는 것이 아니라 미래의 투자를 위해 저축하는 자세가 버핏 회장의 가르침과 많이 닮았기 때문이다.